天津市高级人民法院
公　报

U1018860

GAZETTE OF THE HIGH PEOPLE'S COURT OF TIAN JIN CITY

天津市高级人民法院　　主办

法　律　出　版　社
·北　京·

图书在版编目（CIP）数据

天津市高级人民法院公报. 总第23辑 / 天津市高级人民法院主办. -- 北京 : 法律出版社, 2022
ISBN 978-7-5197-7162-1

Ⅰ. ①天… Ⅱ. ①天… Ⅲ. ①法院－文件－汇编－天津 Ⅳ. ①D926.22

中国版本图书馆CIP数据核字（2022）第184760号

天津市高级人民法院公报（总第23辑）
TIANJIN SHI GAOJI RENMIN FAYUAN GONGBAO
（ZONG DI-23 JI）

天津市高级人民法院 主办

责任编辑 林 蕊
装帧设计 汪奇峰

出版发行 法律出版社
编辑统筹 司法实务出版分社
责任校对 王晓萍
责任印制 胡晓雅
经　　销 新华书店

开本 A4
印张 3.75　**字数** 71千
版本 2022年11月第1版
印次 2022年11月第1次印刷
印刷 三河市兴达印务有限公司

地址：北京市丰台区莲花池西里7号（100073）
网址：www.lawpress.com.cn
投稿邮箱：info@lawpress.com.cn
举报盗版邮箱：jbwq@lawpress.com.cn

销售电话：010-83938349
客服电话：010-83938350
咨询电话：010-63939796

书号：ISBN 978-7-5197-7162-1
定价：18.00元
凡购买本社图书，如有印装错误，我社负责退换。电话：010-83938349

目　　录

市人大常委会决议

规范性文件

参阅案例

参阅裁判文书

任免事项

天津市人口与计划生育条例

（2003年7月11日天津市第十四届人民代表大会常务委员会第四次会议通过　根据2014年2月14日天津市第十六届人民代表大会常务委员会第八次会议通过的《天津市人民代表大会常务委员会关于修改〈天津市人口与计划生育条例〉的决定》第一次修正　根据2016年1月14日天津市第十六届人民代表大会常务委员会第二十四次会议通过的《天津市人民代表大会常务委员会关于修改〈天津市人口与计划生育条例〉的决定》第二次修正　根据2021年11月29日天津市第十七届人民代表大会常务委员会第三十次会议通过的《天津市人民代表大会常务委员会关于修改〈天津市人口与计划生育条例〉的决定》第三次修正）

目　　录

第一章　总　　则

第一条　为实现人口与经济、社会、资源、环境的协调发展，调控人口数量，提高人口素质，推动实现适度生育水平，优化人口结构，促进人口长期均衡发展，维护公民的合法权益，根据《中华人民共和国人口与计划生育法》和有关法律、法规，结合本市实际情况，制定本条例。

第二条　本市依靠宣传教育、科学技术进步、综合服务、建立健全奖励和社会保障制度，开展人口与计划生育工作。

第三条　公民有生育的权利，也有依法实行计划生育的义务，夫妻双方在实行计划生育中负有共同的责任。

公民计划生育的合法权益受法律保护。

第四条 各级人民政府领导本行政区域内的人口与计划生育工作。

市和区人民政府卫生健康主管部门负责本行政区域内的人口与计划生育工作。

市和区人民政府其他有关部门在各自的职责范围内，负责有关的人口与计划生育工作。

工会、共青团、妇联及计划生育协会等社会团体、企业事业组织和公民应当协助人民政府开展人口与计划生育工作。

第二章 人口发展规划的制定与实施

第五条 市人民政府根据全国人口发展规划，区人民政府根据全国和本市的人口发展规划，结合本地实际情况，编制本行政区域的人口发展规划，并将其纳入国民经济和社会发展计划；市和区人民政府根据各自的人口发展规划，制定相应的人口与计划生育实施方案并组织实施。

人口与计划生育实施方案应当规定调控人口数量，提高人口素质，推动实现适度生育水平，优化人口结构，加强母婴保健和婴幼儿照护服务，促进家庭发展的措施。

第六条 各级人民政府应当坚持人口与发展综合决策，组织协调政府部门和社会各方面共同做好人口与计划生育工作。

各级人民政府应当实行人口和生育服务保障目标管理责任制。

各级人民政府对在人口与计划生育工作中做出显著成绩的组织和个人，按照有关规定给予奖励。

第七条 各级人民政府应当把人口与计划生育经费纳入年度财政预算，保障人口与计划生育工作必要的经费，并根据国民经济和社会发展状况逐步提高人口与计划生育经费投入的总体水平。

鼓励社会团体、企业事业组织和个人为人口与计划生育事业提供捐助。

第八条 市和区人民政府卫生健康主管部门负责实施人口与计划生育实施方案的日常工作，制定具体措施，推动本行政区域人口与计划生育工作的开展。

第九条 卫生健康主管部门和教育、科技、文化和旅游、民政等部门，应当把人口与计划生育宣传教育工作作为一项重要任务纳入工作计划并组织实施。

报刊、广播、电视、互联网等媒体负有开展人口与计划生育的社会公益性宣传的义务。

第十条 街道办事处和乡、镇人民政府负责本辖区的人口与计划生育工作，贯彻落实人口与计划生育实施方案。

街道办事处和乡、镇人民政府应当有负责计划生育工作的机构和专职人员。

第十一条 居民委员会、村民委员会应当依法做好计划生育工作，维护居民、村民计划生育合法权益，引导居民、村民参与计划生育工作。

第十二条 机关、社会团体、企业事业组织应当落实对实行计划生育职工的奖励规定，接受驻地街道办事处和乡、镇人民政府计划生育工作机构的指导和监督。

第十三条 企业事业组织、居民委员会、村民委员会以及流动人口聚集的地区可以建立计划生育协会，组织群众开展有关人口与计划生育的自我教育、自我管理、自我服务。

第十四条 流动人口、现居住地与户籍所在地不一致的本市居民，其人口与计划生育工作由户籍所在地和现居住地的人民政府共同负责管理，以现居住地为主。

第三章 生育调节与奖励保障

第十五条 本市提倡适龄婚育、优生优育。一对夫妻可以生育三个子女。

第十六条 街道办事处和乡、镇人民政府应当及时对育龄夫妻开展计划生育服务与管理。符合法律、法规规定生育的妇女怀孕后，应当向夫妻任意一方户籍地或者居住地的街道办事处或者乡、镇人民政府办理生育服务登记，接受孕产期保健服务。

第十七条 本市采取财政、保险、教育、住房、就业等支持措施，减轻家庭生育、养育、教育负担。

第十八条 依法办理结婚登记的公民，享受婚假十日。

符合法律、法规规定生育子女的夫妻，女方在享受国家规定的生育假（产假）的基础上增加生育假（产假）六十日，男方享受十五日的陪产假。

符合法律、法规规定生育子女的夫妻，在子女三周岁以下期间，用人单位每年给予夫妻双方各十日的育儿假。

农村居民符合法律、法规规定生育子女的，由所在乡、镇人民政府，街道办事处，居民委员会，村民委员会根据实际情况给予奖励。

第十九条 妇女怀孕、生育和哺乳期间，按照国家和本市有关规定享受特殊劳动保护，并可以获得帮助和补偿。本市为因生育影响就业的妇女提供就业服务，保障妇女就业合法权益。

第二十条 市和区人民政府综合采取规划、土地、住房、财政、金融、人才等措施，推动建立普惠托育服务体系，提高婴幼儿家庭获得服务的可及性和公平性。区人民政府应当制定本行政区域内的托育服务工作实施方案，建立工作机制，推进托育服务健康发展。

第二十一条 本市鼓励社会力量兴办托育机构。市和区人民政府通过采取提供场地、减免租金等政策措施，为社会力量提供支持。

支持幼儿园招收二至三岁的幼儿。支持用人单位单独或者联合在工作场所为职工提供福利性托育服务。

本市加强社区托育服务设施建设，支持社区提供托育服务。

第二十二条 托育机构的设置和服务应当符合国家和本市托育服务相关标准和规范。托育机构应当向区卫生健康主管部门备案。区卫生健康主管部门应当会同有关部门加强对托育机构的监督管理。

第二十三条 区人民政府应当在城乡社区建设改造中，建设与常住人口规模相适应的婴幼儿活动场所及配套服务设施。

机场、主要火车站（包括高铁站）、商场、医院、旅游景点等公共场所和女职工比较多的用人单位应当配置母婴设施，为婴幼儿照护、哺乳提供便利条件。

第二十四条 市和区人民政府应当加强对家庭婴幼儿照护的支持和指导，增强家庭的科学育儿能力。

医疗卫生机构应当按照规定为婴幼儿家庭开展预防接种、疾病防控等服务，提供膳食营养、生长发育等健康指导。

第二十五条 获得《独生子女父母光荣证》的夫妻，继续享受独生子女父母奖励费至独生子女年满十四周岁止。城镇居民，有工作单位的，由夫妻双方就业单位各负担百分之五十；无工作单位的，由市和区人民政府按照一定的比例分担。农村居民，由其所在街道办事处或者乡、镇人民政府兑现。

第二十六条 六十周岁以上的老年人患病住院的，其子女所在单位应当支持护理照料，给予独生子女每年累计二十日、非独生子女每年累计十日的护理假。

第二十七条 各级人民政府对农村实行计划生育的家庭发展经济，给予资金、技术、培训等方面的支持、优惠；对实行计划生育的贫困家庭，在扶贫贷款、以工代赈、扶贫项目和社会救济等方面给予优先照顾。

第二十八条 市和区人民政府应当采取措施，建立健全基本养老保险、基本医疗保险、生育保险和社会福利等社会保障制度，促进人口与计划生育事业的发展。

鼓励保险机构开展有利于计划生育的相关业务。

第二十九条 获得《独生子女父母光荣证》的夫妻，独生子女发生意外伤残、死亡的，按照规定获得扶助。

市和区人民政府建立健全对上述人群的生活、养老、医疗、精神慰藉等全方位帮扶保障制度。对符合条件的计划生育特殊家庭成员，落实基本养老、基本医疗保障相关政策；优先安排入住公办养老机构，提供无偿或者低收费托养服务；对住房困难的，优先纳入住房保障。

上述人群所在单位、居民委员会、村民委员会、街道办事处和乡、镇人民政府，应当采取必要措施予以救济和帮助。

在国家提倡一对夫妻生育一个子女期间，按照规定应当享受计划生育家庭老年人奖励扶助的，继续享受相关奖励扶助，并在老年人福利、养老服务等方面给予必要的优先和照顾。

第四章 计划生育服务

第三十条 各级人民政府应当建立计划生育和生殖保健服务制度，保障居民获得婚前保健及孕产期保健等服务，防止或者减少出生缺陷，提高出生婴儿健康水平。

第三十一条 医疗卫生机构应当针对育龄人群开展优生优育知识宣传教育，对育龄妇女开展围孕期、孕产期保健服务，承担计划生育、优生优育、生殖保健的咨询、指导和技术服务，规范开展不孕不育症诊疗。

第三十二条 对实行计划生育的育龄夫妻按照国家规定免费发放避孕药具。

实行计划生育的夫妻免费享受国家规定的基本项目的计划生育技术服务。

前款规定的费用，城镇居民参加生育保险、医疗保险的，由保险统筹基金支付，未参加上述保险且有工作单位的（包括临时用工单位），由所在单位承担，无工作单位的，由市和区人民政府按照一定的比例分担；农村居民，由市和区人民政府、街道办事处和乡、镇人民政府按照一定的比例分担。

第三十三条 向公民提供的计划生育服务和药具，应当安全有效，符合国家规定的质量技术标准。

药监部门、卫生健康主管部门及其他有关部门应当按照各自的职责，对计划生育避孕药具的质量进行监督管理。

鼓励开发、推广优生优育、生殖保健的新技术和新产品。

第三十四条 公民接受计划生育手术后，国家工作人员和企业事业组织职工按照国家和本市有关规定享受假期；农村居民由所在居民委员会、村民委员会、街道办事处和乡、镇人民政府给予照顾。

第三十五条 经计划生育并发症鉴定机构鉴定，确因计划生育手术引起并发症的，由市或者区人民政府卫生健康主管部门指定的医疗卫生机构负责治疗。治疗费按照本条例第三十二条第三款的规定支付。

经鉴定为并发症的单位职工，经治疗单位证明需要休息的，休息期间工资照发；无工作单位且丧失劳动能力的，按照有关规定享受社会救济。

因计划生育手术造成医疗事故的，按照国务院《医疗事故处理条例》处理。

第三十六条 严禁利用超声技术和其他技术进行非医学需要的胎儿性别鉴定；严禁非医学需要进行选择性别的人工终止妊娠。

第五章 法律责任

第三十七条 国家机关工作人员在计划生育工作中，有下列行为之一，构成犯罪的，依法追究刑事责任；尚不构成犯罪的，依法给予处分；有违法所得的，没收违法所得：

（一）侵犯公民人身权、财产权和其他合法权益的；

（二）滥用职权、玩忽职守、徇私舞弊的；

（三）索取、收受贿赂的；

（四）截留、克扣、挪用、贪污计划生育经费的；

（五）虚报、瞒报、伪造、篡改或者拒报人口与计划生育统计数据的。

第三十八条 涉及人口与计划生育的其他违法行为，依据《中华人民共和国人口与计划生育法》和其他法律、法规追究其相应的法律责任。

第三十九条 公民、法人或者其他组织认为行政机关在实施计划生育管理过程中侵犯其合法权益，可以依法申请行政复议或者提起行政诉讼。

第六章 附 则

第四十条 本条例所称的城镇居民、农村居民，依照居民户口登记簿确定。

第四十一条 本条例规定的陪产假、

育儿假、护理假的具体实施办法，由市人民政府制定。

第四十二条 本条例自2003年9月1日起施行。1988年11月2日天津市第十一届人民代表大会常务委员会第四次会议通过的《天津市计划生育条例》、1993年3月9日天津市第十一届人民代表大会常务委员会第四十二次会议通过的《天津市人民代表大会常务委员会关于修改〈天津市计划生育条例〉第七条第三项中收养人年龄规定的决定》、1994年4月15日天津市第十二届人民代表大会常务委员会第七次会议通过的《天津市人民代表大会常务委员会关于修改〈天津市计划生育条例〉的决定》和1997年7月30日天津市第十二届人民代表大会常务委员会第三十四次会议通过的《天津市人民代表大会常务委员会关于修改〈天津市计划生育条例〉的决定》同时废止。

天津市高级人民法院　天津市人民检察院 天津市公安局关于刑事诉讼中侦查人员出庭的工作指南（试行）

为推进以审判为中心的刑事诉讼制度改革，落实庭审实质化，完善侦查人员出庭制度，提高刑事案件办案质量与审判质效，根据《中华人民共和国刑事诉讼法》及相关司法解释等规定，结合我市司法实际，制定本指南。

1.　出庭启动程序

1.1　申请主体与方式

1.1.1　现有证据材料不能证明证据收集的合法性的，人民检察院可以提请人民法院通知有关侦查人员出庭说明情况。辩护人对侦破经过、证据来源、证据真实性或者证据收集合法性等有异议，认为侦查人员应当出庭，可以申请人民法院通知侦查人员出庭。有关侦查人员也可以向人民法院申请出庭。

1.1.2　人民检察院、辩护人申请侦查人员出庭，以及侦查人员申请出庭的，应当以书面形式向人民法院提出。以口头形式提出的，人民法院应当记录在案，并由申请人签名或者捺印。

1.2　申请理由与异议

1.2.1　控辩双方申请侦查人员出庭，应当说明理由。

1.2.2　对方提出异议，认为有关侦查人员出庭与案件无关或者明显重复、不必要，人民法院经审查认为异议成立的，可以不予准许侦查人员出庭。

1.3　申请期限

人民检察院、辩护人申请侦查人员出庭的，一般应当在开庭五日前提出。

1.4　对出庭申请的审查

1.4.1　对申请侦查人员出庭的，人民法院应当及时进行审查，认为必要的，应当通知侦查人员出庭，并为侦查人员保留必要的出庭准备时间；认为没有必要的，应当及时告知申请人。

1.4.2　人民法院认为有必要的，可以依职权通知侦查人员出庭说明情况。

1.5 通知程序

1.5.1 人民法院决定通知侦查人员出庭的，一般应当在开庭三日前向该侦查人员所属单位的法制部门送达出庭通知书，并告知公诉人、当事人及其法定代理人、辩护人、诉讼代理人。

1.5.2 侦查机关接到通知后，应当及时安排相关侦查人员出庭。

2.出庭具体流程

2.1 应当出庭及例外情形

2.1.1 经人民法院通知，侦查人员应当出庭。

2.1.2 应当出庭的侦查人员，因工作需要确实无法离开以及其他客观原因无法出庭的，可以通过视频方式出庭。相关视频内容应当录制后存入案卷。

2.1.3 人民法院决定侦查人员采用视频方式出庭的，应当告知申请人。

2.2 不出庭的后果

2.2.1 侦查人员没有正当理由拒绝出庭或者出庭时拒绝说明情况的，人民法院应当通知其所属单位的主管部门。主管部门应当依据有关规定进行处理，并将处理结果函告人民法院。人民检察院可以向侦查人员所在单位发送检察建议。

2.2.2 经人民法院通知，侦查人员不出庭说明情况，法庭对证据收集的合法性进行调查后，不能排除以非法方法收集证据的可能的，对有关证据应当予以排除。

2.3 出庭纪律

侦查人员应当着制式警服到庭，不得佩戴警械，并遵守法庭纪律。

2.4 对侦查人员的核查

2.4.1 侦查人员到庭后，审判长应当核实侦查人员的身份、与当事人以及本案的关系，并告知其相关权利义务和隐匿罪证要负的法律责任。对于危害国家安全犯罪、恐怖活动犯罪、黑社会性质的组织犯罪、毒品犯罪等案件，人民法院决定对出庭的侦查人员采取不公开个人信息的保护措施的，应当在庭前核实其身份。

2.4.2 侦查人员应当保证向法庭如实说明情况，并在保证书上签字。

2.5 出庭要求

侦查人员应当如实说明案件来源、抓获经过、证据收集的合法性等情况，不得发表猜测性、评论性、推断性言论。

2.6 发问与询问的顺序

2.6.1 侦查人员出庭后，先向法庭说明情况，向侦查人员发问，先由申请通知的一方进行；发问完毕后，对方也可以发问。控辩双方如有新的问题，经审判长准许，可以再行发问。审判人员认为必要的，可以询问侦查人员。人民法院依职权通知侦查人员出庭的，审判人员可以先行询问。

2.6.2 经审判长准许，被告人可以向侦查人员发问。

2.6.3 有多名侦查人员出庭的案件，向侦查人员的发问或者询问应当分别进行。

2.7 发问异议与禁止

2.7.1 向侦查人员发问应当围绕证据收集的合法性、客观性、关联性、真实性等问题进行。

2.7.2 发问过程中，控辩一方发问方式不当或者发问内容与案件事实无关，违反有关发问规则的，对方可以提出异议。对方当庭提出异议的，发问方应当向法庭说明发问的理由；审判长应当判明情况，决定予以支持或者驳回。对方未当庭提出异议的，审判长也可以根据情况予以制止。

具有下列情形之一的，审判长应当及时制止：

（一）发问内容与本案事实无关的；

（二）采用诱导或者误导方式发问的；

（三）威胁侦查人员的；

（四）损害侦查人员人格尊严的；

（五）泄露侦查人员个人隐私的；

（六）其他应当制止的情形。

2.7.3 发问涉及国家秘密、尚未侦破案件的侦查秘密或者法律规定的秘密取证手段的，侦查人员有权拒绝回答。

2.8 补充说明

发问、询问结束后，经审判长准许，侦查人员可以进行补充说明。

2.9 退庭、不旁听

2.9.1 侦查人员经控辩双方发问或者审判人员询问后，审判长应当通知法警引导其退庭。

2.9.2 出庭的侦查人员不得旁听对案件的审理。

2.10 庭审记录确认

庭审后，侦查人员可以阅读庭审笔录中的相关部分，认为记录有遗漏或者差错的，可以请求补充或者改正；确认无误后，应当签名或者盖章，并注明日期。

3.出庭保障措施

3.1 人民法院决定对出庭的侦查人员采取不公开个人信息等保护措施的，在判决书、裁定书、询问笔录等法律文书、证据材料中可以使用化名等代替侦查人员的个人信息，但是应当书面说明使用化名的情况并标明密级，单独成卷。辩护律师经法庭许可，查阅对侦查人员使用化名情况的，应当签署保密承诺书。

3.2 侦查人员因出庭而支出的交通、住宿、就餐等费用，所在单位应当给予必要保障。

4.违规追责情形

侦查人员违背客观事实，作出虚假说明，对案件事实认定产生重大影响的，应当根据有关规定追究责任。

5.适用范围

二审或者再审案件涉及侦查人员出庭的，参照本指南执行。

6.施行日期

本指南自下发之日起施行。

天津法院诉讼费收退费实施细则

为进一步规范我市法院诉讼费管理，依法保障当事人诉讼权利，依据《中华人民共和国民事诉讼法》、《诉讼费用交纳办法》等规定，结合全市法院实际，制定本实施细则。

第一章　诉讼费收取

第一条　立案部门对当事人的起诉登记立案后，应向当事人发送《交纳诉讼费用通知书》。

《交纳诉讼费用通知书》应载明交费码、交费金额、交费方式等，并告知起诉人在收到本通知书次日起七日内预交诉讼费用、逾期未预交的后果等。

第二条　立案部门应在登记立案后三日内向审判庭移送起诉材料。审判庭承办法官接收起诉材料后应及时核对诉讼费用交纳情况，对于未按《交纳诉讼费用通知书》要求交纳诉讼费用的，按撤诉处理。

对于未交纳诉讼费用，立案部门未向起诉人发送《交纳诉讼费用通知书》的，承办法官应通知立案部门向起诉人发送《交纳诉讼费用通知书》。

第三条　对于当事人提出的诉讼费用司法救助申请，案件材料移送审判庭前递交的，由立案部门审查处理；案件材料移送审判庭后递交的，由审判庭审查处理。

对于司法救助申请经审查予以批准的，批准内容应明确、具体。不予批准的，应当告知具体理由，并应向申请人发送《交纳诉讼费用通知书》。

诉讼费用司法救助的审批依国务院《诉讼费用交纳办法》办理。

第四条　当事人在诉讼过程中增加诉讼请求、提出反诉，有独立请求权的第三人提出与本案有关的诉讼请求或适用简易程序审理的案件转为普通程序的，承办法官应当书面通知当事人在七日内交纳相应诉讼费用。

第五条　当事人提起上诉的，一审承办法官收到上诉状后，应当书面通知上诉人七日内预交诉讼费用。

第六条　一审案件承办法官收到上诉状、答辩状，应当在五日内连同全部案卷和证据，报送第二审人民法院。

第七条　送达《交纳诉讼费用通知书》

要填写送达回证，送达回证或送达回证的邮寄凭证应随案卷材料移送。

第八条 立案部门应依法认真履行诉讼费用收取职责，及时向当事人发送《交纳诉讼费用通知书》。承办法官应认真审核诉讼费用交纳情况。

第二章 诉讼费退费

第九条 本实施细则所称诉讼费退费，是指人民法院依法将当事人预交的但超过实际应当交纳部分的诉讼费，通过相应的退费手续，及时退还当事人。

第十条 诉讼费退费工作应坚持“及时、全案、全额”原则。案件审结后，应当及时为当事人办理退费手续，原则上不超过一次；符合条件的案件必须全部退还；应该退还的必须足额退还。

第十一条 人民法院决定减半收取案件受理费的，只能减半一次。

第十二条 应当退还诉讼费包括以下情形：

（一）已全额收取案件受理费的适用简易程序审理的案件，减半退还案件受理费。

（二）已全额收取案件受理费的案件，以调解方式结案的、当事人申请撤诉的，减半退还案件受理费。

（三）原告在一审法庭辩论结束前申请减少诉讼请求数额的，按照变更后的诉讼请求计算案件受理费并退还多收取部分。

（四）审理民事案件过程中发现涉嫌刑事犯罪并将案件移送有关部门处理的，当事人交纳的案件受理费予以退还；移送后民事案件需要继续审理的，当事人已交纳的案件受理费不予退还。

（五）二审法院裁定将案件发回重审的，应当退还上诉人已交纳的二审案件受理费。

（六）再审法院裁定将案件发回重审的，原二审法院应当退还上诉人已交纳的原二审案件受理费。

（七）裁定不予受理或者驳回起诉的案件，应当退还当事人已交纳的一审案件受理费。

（八）适用简易程序审理的案件，转为普通程序的，原告无正当理由未按期足额补交的，按撤诉处理，已经收取的诉讼费用退还一半。

（九）判决生效后，胜诉方预交但不应负担的诉讼费用，人民法院应当退还。但胜诉方自愿承担或者同意败诉方直接向其支付的除外。

（十）其他依法应当退费的情形。

第十三条 案件审理终结后，符合本细则规定退费情形的，应将案件《诉讼费结算通知书》与裁判文书一并送达相关当事人。

第十四条 符合退费条件的当事人自法律文书生效后申请退还诉讼费，材料齐全的，人民法院应当及时办理。承办法官或案件审判辅助人员应审核当事人是否提交以下申请退费材料：

（一）当事人/代理人身份信息证明；

（二）生效法律文书；

（三）诉讼费结算通知书；

（四）交纳诉讼费结算票据；

（五）当事人银行账户相关信息。

当事人申请退费材料齐备、完整的，承办法官或案件审判辅助人员一般应在三个工作日内提起退费审批程序。

当事人委托代理人办理退费申请的，代理人还应当提交经当事人本人签字的授权委托书；当事人为法人的，应提交加盖公章的授权委托书。

第十五条 申请诉讼费退费应按照全市法院财务相关流程管理要求履行报批手续。

第十六条 诉讼费退费由承办法官或审判辅助人员协助当事人办理，但不得代为领取。

第十七条 当事人退费申请材料、诉讼费退费凭证应归入案卷备查。

第三章 诉讼费追交

第十八条 判决生效后，败诉被告或者被上诉人应当按照判决书确定其负担的诉讼费数额补交诉讼费。

第十九条 应由败诉方交纳的费用，承办法官应当制作《交纳诉讼费用通知书》，与法律文书一起送达相关当事人。

第二十条 《诉讼费结算通知书》及《交纳诉讼费通知书》的送达回执需在结案时上传到案件信息系统，作为结案审查的内容。

第二十一条 败诉方逾期无理由拒不交纳诉讼费用的，法院可以强制执行。

第二十二条 胜诉方明确表示自愿承担或者同意败诉方直接向其支付案件受理费的，法院不再进行退费及向败诉方追交。但应在笔录中载明相关情况或由当事人提供证明材料，归入案卷备查。

第二十三条 追交的诉讼费，按照以下情况分别处理：

（一）在交纳通知书规定的期限内，交费义务人主动交费到法院，经财务人员确认后，开具《人民法院诉讼收费专用票据（结算）》。

（二）强制执行收取的诉讼费用，属执行案款，应按照保管款系统转诉讼费处理，完毕后，由财务人员将该笔案款收入转为诉讼费收入，开具《人民法院诉讼费专用票据（结算）》。

第四章 财务管理

第二十四条 各院财务部门应遵照全市法院相关财务流程要求，在非税系统进行收退费操作并按期完成汇总上报工作。

第五章 附 则

第二十五条 本实施细则自印发之日起执行。

天津市高级人民法院
企业破产重整案件办案指引（一）

为服务保障优化营商环境，充分发挥破产重整制度功能，依据《中华人民共和国企业破产法》《中华人民共和国公司法》及相关司法解释，总结破产重整案件审判经验，制定本办案指引。

一、重整识别

1.（识别内容）裁定受理破产重整案件前，应当做好破产清算和破产重整识别工作。除对破产重整原因进行审查外，还应当对重整价值、重整的可行性进行审查。

2.（重整价值）认定债务人具有重整价值可以考虑下列因素：

（1）债务人的行业前景，包括是否符合国家产业结构调整政策，是否属于新兴产业、科技产业，是否属于国家鼓励、扶持类产业等；

（2）债务人的行业地位，包括债务人的市场认可度、产能先进性及是否具备富有市场竞争力的产品或服务等；

（3）债务人的经营情况，包括债务人经营模式的成熟程度、经营团队的稳定性、经营管理的运行情况和上下游业务协助关系等；

（4）债务人的资质价值，包括是否拥有独特的生产工艺、专有技术、商标、专利权，是否拥有特殊市场准入限制而产生的特殊行业营业牌照、特殊的经营许可等；

（5）债务人的品牌价值，包括债务人的营销网络、营销体系、客户资源、客户关系、品牌效应及其商誉等；

（6）债务人的公共价值，包括债务人对国计民生及公共利益的重大影响等；

（7）能够体现债务人重整价值的其他情形。

社会中介机构出具的报告可以作为判断债务人重整价值的参考。

3.（专业意见）人民法院对债务人重整价值和重整可行性进行审查时，可以根据案件情况，征询市场监管部门、行业主管部门、行业协会以及专家的意见。

4.（听证调查）人民法院认为有必要的，可以针对重整价值和重整可行性进行听证调查。听证调查应当通知重整申请人、债务人、已知的主要债权人及人民法院认为应当参加听证调查的其他人员。

5.(听证程序)听证调查按照下列程序进行:

(1)申请人陈述申请的事实和理由,并出示相关材料;

(2)债务人针对重整申请发表意见;

(3)合议庭对债务人是否具备重整原因、重整价值、重整可行性等相关情况向参加听证的人员进行询问;

(4)申请人、被申请人发表最后意见。

听证调查可以采用现场方式或者网络在线视频等非现场方式进行。听证调查应当制作听证笔录。

二、重整案件的管理人

6.(清算组担任管理人)重整申请受理前,根据《最高人民法院关于审理企业破产案件指定管理人的规定》第十八条规定已经成立清算组,清算组成员由政府有关部门、社会中介机构等组成,符合《最高人民法院关于审理企业破产案件指定管理人的规定》第十九条规定的,可以指定该清算组为重整案件的管理人。

清算组成员中的社会中介机构,一般应当是编入市高院管理人名册的社会中介机构,未编入本地或者异地人民法院管理人名册的社会中介机构不得担任清算组成员。

7.(社会中介机构担任管理人)重整申请受理前未成立清算组的,依照《最高人民法院关于审理企业破产案件指定管理人的规定》《天津市高级人民法院指定破产管理人工作办法》的规定选任管理人。上市公司、在本地有重大影响或者债权债务关系复杂,涉及债权人、职工以及利害关系人人数较多的重整案件,应当采取竞争方式指定管理人。

8.(聘用专业人员)根据重整案件需要,管理人可以采取聘用专业人员或者聘请其他社会中介机构等方式,处理企业经营管理,债务人财产审计、评估,参加重大诉讼、仲裁、执行,进行税务筹划和招募战略投资人等专业性较强的工作。

经人民法院许可后,管理人可以自行聘用或者公开聘请,所聘人员和社会中介机构协助管理人执行职务,接受管理人监督,相关费用列入管理人报酬。

三、关联企业实质合并重整

9.(适用原则)审理关联企业破产重整案件时,要立足于破产关联企业之间的具体关系模式,采取不同方式予以处理。既要通过实质合并审理方式处理法人人格高度混同的关联关系,确保全体债权人公平清偿,也要避免不当采用实质合并审理方式损害相关利益主体的合法权益。

10.(适用情形)当事人申请对关联企业实质合并重整的,人民法院应当对实质合并重整的必要性、正当性进行审查。关联企业成员之间出现法人人格高度混同、区分各关联企业成员财产成本过高、严重损害债权人公平清偿利益情况下,可以适用关联企业实质合并重整方式进行审理。

11.(法人人格高度混同)关联企业成员持续、普遍存在下列情形,导致法人财产、意志丧失独立性的,可以认定法人人格高度混同:

(1)各成员主要经营性财产难以区分,

账户混同使用，未形成独立的财务核算体系；

（2）各成员的高级管理人员交叉任职，共用财务、行政人员，未形成完整独立的组织架构，企业丧失独立意志；

（3）各成员主营业务混同，成员之间不当利益输送、相互控制，形成高度混同的经营体；

（4）各成员生产经营、办公场所混同；

（5）各成员之间存在大量关联债务、对外负债相互担保；

（6）其他导致法人财产、意志丧失独立性的情形。

12.（申请程序）人民法院收到实质合并申请后，应当及时通知相关利害关系人，并将申请事项在“全国企业破产重整案件信息网”予以公告，公告期不少于十日。

关联企业成员及其出资人、债权人、管理人等利害关系人对申请有异议的，应当在公告期届满前以书面形式提出。利害关系人提出异议的，应当组织听证。

13.（实质合并申请的审查）在审查实质合并申请过程中，可以综合考量关联企业之间资产的混同程度及其持续时间、各成员之间的利益关系、债权人整体清偿利益、增加企业重整的可能性等因素，在收到申请之日起三十日内作出是否实质合并审理的裁定。

14.（实质合并重整的法律后果）采用实质合并方式审理的重整案件，各关联企业成员之间的债权债务归于消灭，各成员的财产作为合并后统一的破产财产。

各关联企业应当制定统一的重整计划草案，按照同一标准对债权进行分类，同类债权适用相同的债权受偿方案。

15.（关联企业成员存续）采用实质合并方式审理的重整案件，各关联企业原则上应当合并为一个企业。根据重整计划，确有需要保持个别企业独立的，应当依照企业分立的有关规则单独处理。

四、破产债权申报和审查

16.（债权申报方案）审理下列重整案件时，根据案件涉及债权的数额、性质、特点等情况，可以指导管理人制定《债权申报工作方案》：

（1）债权人人数众多、分布范围较广；

（2）债权数额巨大，容易引发金融风险；

（3）非金融债权占比大，债权债务关系复杂；

（4）社会关注度高，存在稳定风险；

（5）其他重大疑难复杂重整案件。

17.（方案内容）《债权申报工作方案》应当明确债权申报工作的时限、模式、程序、责任，具体内容可以包括：

（1）管理人审查职责、工作时限；

（2）债权申报的一般程序：接待债权人、接收申报材料、债权登记、债权审查、编制债权表；

（3）根据债权性质区分金融债权和非金融债权，有针对性地制定申报流程；

（4）管理人定期向人民法院报告债权申报、审查中的普遍性问题及审查意见；

（5）管理人勤勉尽职及应承担的法律责任。

18.（重大案件指导）重大疑难复杂重整案件，人民法院应当加强对债权申报工作指导，指导管理人合理安排不同性质债权错峰申报，关注小额债权人申报程序和实体利益，及时化解风险和稳定问题。

19.（定期报告）债权申报期内，管理人应当向人民法院报告债权审查工作进展情况，听取人民法院对于债权审查工作的指导意见。

20.（统一法律适用）人民法院应加强对债权审查中重大疑难法律适用问题的研究，指导管理人依法正确适用法律，切实维护债权人合法权益。

21.（异议复核）人民法院指导、监督管理人在收到债权人提交的申报材料后尽快审核，将审核结果书面告知债权人并说明理由。债权人对审核结果提出异议的，可以补充提交证据材料，管理人应进行复核，复核结果书面告知异议债权人。复核结果变更原审核结果的，管理人应同时告知债务人。

五、债权人会议

22.（第一次债权人会议内容）第一次债权人会议由法院召集和主持，会议内容主要包括：管理人工作报告、债权人对管理人提交的《债权表》进行核查、债务人接受债权人质询、管理人及中介机构等回答债权人提问、指定债权人会议主席等。

23.（债权人会议）第一次债权人会议可以采用现场方式或者网络在线视频方式召开。采用网络在线视频方式召开的，会议召开前，管理人应上传全部与会议有关的法律文书、文件和债权表。会议开始后，债权人可以通过网络进行提问，债务人、管理人及中介机构等进行集中解答。有义务列席债权人会议的债务人的有关人员，应当按时出席会议并如实陈述、回答债权人提出的相关问题。

24.（重整计划草案表决）债权人会议表决重整计划草案，应当按照如下程序进行：

（1）草案制作人对重整计划草案进行说明；

（2）利害关系人对重整计划草案发表意见；

（3）债权人对重整计划草案提问，草案制作人进行解答；

（4）各表决组投票表决。

25.（表决方式）债权人会议可以采用现场表决，或者书面、传真、短信、电子邮件、即时通信、通讯群组等非现场方式进行表决。管理人应当在债权人会议召开后或者表决期届满后三日内，将表决结果告知参与表决的债权人。

六、发挥府院联动机制作用

26.（府院联动机制）市高院与市发改委、市委网信办、市教委、市工信局、市公安局、市民政局、市司法局、市财政局、市人社局、市规资局、市住建委、市市场监管委、市国资委、市医保局、市金融局、市信访办、市税务局、人民银行天津分行、天津银保监局、天津证监局、市总工会等建立企业破产府院联动工作机制。

27.（政府部门职能）审理企业破产重整案件，应当充分发挥政府相关部门的行政管理、专业指导和协调保障作用，统筹处理破产审判涉及的破产费用保障、权利瑕疵修正、存续资产运营、职工安置、税收政策、信用修复、企业注销等问题。

28.（政府部门作为清算组成员）重整案件指定清算组为管理人的，要充分发挥相关政府部门在职工权益保护、企业安全生产经营、税收征管、信用修复、企业注销等方面的管理人职责。

29.（履行行政审批）金融机构、上市公司等重整案件，应当保障政府有关部门对重整申请、重整计划草案等的知情权，重整计划草案中的出资人权益调整方案、债务人经营方案涉及行政许可审批事项的，应当依照企业国有资产法、商业银行法、银保监会有关行政许可事项实施办法及《最高人民法院关于审理上市公司破产重整案件工作座谈会纪要》等规定，履行报批及会商程序。

天津法院终结本次执行程序案件恢复执行工作流程（试行）

为进一步规范终结本次执行程序案件恢复执行工作，切实保障申请执行人的合法权益，根据《最高人民法院关于规范终结本次执行程序案件恢复执行工作的通知》等规定，结合工作实际，现就天津法院终结本次执行程序案件恢复执行工作制定如下流程。

一、依职权恢复执行

1、执行案件终结本次执行程序后，执行实施部门（团队）发现当事人自行达成执行和解或者被执行人已经自动履行的，经部门领导审批，及时转立案部门立恢复执行案件。

2、执行案件终结本次执行程序后，执行实施部门（团队）通过传统查询方式发现被执行人名下有可供执行财产的，应当在三日内提请部门领导审批，并转立案部门立恢复执行案件。

3、执行案件终结本次执行程序后，执行指挥中心通过网络查控系统定期统查，发现被执行人有可供执行财产的，应当及时通知执行实施部门（团队）；执行实施部门（团队）认为需要恢复执行的，由执行指挥中心在综合管理平台“终本管理”模块直接调用网络查控系统对发现的财产进行冻结。上述工作应于三日内完成。冻结财产后，执行指挥中心应当在三日内完成恢复执行申请审批，并推送到立案系统进行恢复执行立案。

二、依当事人申请恢复执行

4、执行案件终结本次执行程序后，申请执行人申请恢复执行的，由立案部门接收相关材料，同时将申请执行人提供的财产线索录入立案系统，及时推送至执行指挥中心综合管理平台“终本管理”模块。

5、执行指挥中心在收到立案部门推送的信息后，对于能够通过系统进行核查的，应当在三日内直接调用网络查控系统对申请执行人提供的财产线索进行核查。对于无法通过系统进行核查的，应当及时通知执行实施部门（团队）通过传统查询方式对申请执行人提供的财产线索进行核查。财产线索明确、具体的，执行实施部门（团队）应当在七日内调查核实；情况紧急的，应当在三日内调查核实。

6、执行实施部门（团队）应当自收到网络查控系统反馈结果或者完成传统查询工作后三日内确定是否符合恢复执行条件，并提请部门领导审批。

7、符合恢复执行条件的，转立案部门立恢复执行案件；不符合恢复执行条件的，应当在系统中注明不恢复执行的理由，并将结果及时转告立案部门，同时告知申请执行人。

三、恢复执行后的案件办理

8、恢复执行案件原则上仍由原执行案件承办人负责办理。原承办人因退休、调离等原因无法继续办理的，可以实行随机分案或者指定专门团队负责办理。

9、恢复执行案件的相关质效考核指标和案件办理要求保持不变。

杨彬走私普通货物案

关键词　平行进口汽车　走私普通货物　实付、应付价格　间接支付

裁判要点

平行进口汽车，是指进口商从产品原产地直接进口，其进口渠道与国内授权经销商渠道平行。本案被告人为牟取非法利益，违反海关法规，逃避海关监管，采取低报价格的手段走私平行进口汽车，偷逃应缴税款数额较大。其虽辩解主观上不具有走私普通货物的故意，且加价款汇向国外的证据不足，但均不成立，不影响被告人走私普通货物罪的构成。

相关法条

《中华人民共和国刑法》第一百五十三条第一款、第五十二条、第五十三条、第六十四条、第六十七条第三款、第七十二条、第七十三条、第七十六条；《中华人民共和国刑事诉讼法》第二百三十六条第一款第（一）项

基本案情

天津市人民检察院第三分院指控：2017年10月，被告人杨彬经他人介绍欲进口两辆克罗迪GLS450奔驰越野车，遂委托瀚海（天津）国际贸易有限公司开具信用证并委托天津睿拓国际贸易有限公司代为办理车辆进口报关报检等事宜。在车辆通关申报过程中，杨彬明知车辆真实成交价格为车窗纸价格与加价款之和，为偷逃税款，隐瞒实际成交价格，决定以车窗纸价格加1000美元作为商品价格向天津保税区海关进行申报。经计核，在上述业务中，杨彬偷逃应缴税款共计人民币195 239.79元。

天津新港海关缉私分局于2020年1月8日在南开大学附属第二医院将杨彬抓获。归案后，杨彬如实供述了主要犯罪事实并主动退缴人民币200 000元。

针对起诉书指控的犯罪事实，公诉机关当庭宣读和出示了书证，扣押笔录、扣押清单等勘验笔录，鉴定意见，电子数据，被告人杨彬的供述等证据，公诉机关据此

认定被告人杨彬的行为已构成走私普通货物罪，提请本院依法惩处，并建议判处被告人杨彬一年以下有期徒刑，并处罚金。

被告人杨彬对指控事实、罪名及量刑建议没有异议且签字具结，在开庭审理过程中亦无异议。

被告人杨彬的辩护人提出：（1）被告人杨彬在主观上不具有走私普通货物的故意；（2）被告人杨彬偷逃关税195 239.79元的基本事实不清、证据不足；（3）公诉机关提交的海关核定证明书不能作为定罪量刑的依据。综上，被告人杨彬不构成走私普通货物罪。

一审法院审理查明，2017年10月，被告人杨彬经他人介绍欲进口两辆克罗迪GLS450奔驰越野车，遂委托瀚海（天津）国际贸易有限公司开具信用证并委托天津睿拓国际贸易有限公司代为办理车辆进口报关报检等事宜。在车辆通关申报过程中，杨彬明知车辆真实成交价格为车窗纸价格与加价款之和，为偷逃税款，隐瞒实际成交价格，决定以车窗纸价格加1000美元作为商品价格向天津保税区海关进行申报。经计核，在上述业务中，杨彬偷逃应缴税款共计人民币195 239.79元。归案后，杨彬如实供述了主要犯罪事实并主动退缴人民币200 000元。一审法院认定被告人杨彬犯走私普通货物罪。

杨彬上诉称，一审判决事实不清，证据不足，其当时做进口车生意时，不知道其行为违法；另外4.7万美元加价款汇向国外的证据不足；其行为不构成犯罪。杨彬辩护人认为：（1）公诉机关提交的《中华人民共和国天津海关涉嫌走私的货物、物品偷逃税款海关核定证明书》依法不能作为定罪量刑的依据；（2）杨彬不具有走私普通货物的主观故意；（3）杨彬向案外人吴光宗和刘琳支付的佣金，依法不能作为计税依据；（4）一审判决认定杨彬偷逃关税195 239.79元的基本事实不清、证据不足。综上，杨彬行为不构成走私普通货物罪。

二审法院审理查明的事实与原审相同。原审判决认定事实的证据，经原审法院庭审时举证、质证，二审法院经依法全面审查予以确认。二审期间，上诉人杨彬及其辩护人均未提供新的证据材料。

二审法院认为：（1）对于杨彬辩护人所提公诉机关提交的《中华人民共和国天津海关涉嫌走私的货物、物品偷逃税款海关核定证明书》依法不能作为定罪量刑依据的辩护意见。经查，我国相关法律法规规定，中华人民共和国海关是负责涉嫌走私的货物、物品偷逃税款计核工作的法定主管机关，其授权计核税款的部门是负责计核工作的主管部门。在办理走私普通货物、物品刑事案件中，对走私行为人涉嫌偷逃应缴税额的核定，应当由走私犯罪案件管辖地的海关出具《涉嫌走私的货物、物品偷逃税款海关核定证明书》（以下简称《核定证明书》）。海关出具的《核定证明书》，经走私犯罪侦查机关、人民检察院、人民法院审查确认，可以作为办案的依据和定罪量刑的证据。因此，本案中，天津海关出具的《核定证明书》合法、有效，相关计核结论业经一审庭审举证、质证，可以作为本案认定案件事实和定罪量刑的依据。杨彬辩护人该辩护意见缺乏法律依据，故不予采纳。

（2）对于杨彬及其辩护人所提杨彬不具有走私普通货物犯罪主观故意的辩解理由及辩护意见，经查，本案证据证明，杨彬作为具有平行进口汽车生意多年从业经验和经历的相关从业人员，对于进出口业务尤其是汽车进出口业务相关的国家法律法规及规章制度，应该知晓且熟悉。杨彬在明知进出口业务相关法规、规章的情况下，仍然采取低报价格的手段走私进口汽车，通过第三方渠道将购货差额部分货款支付给外商，并安排他人以低报的价格向海关进行申报，杨彬偷逃关税数额较大，应当认定上诉人杨彬具有走私普通货物犯罪的主观故意。杨彬及其辩护人该辩解理由及辩护意见与事实及法律相悖，故不予支持。

（3）对于杨彬辩护人所提杨彬向案外人吴光宗和刘琳支付的4.7万美元佣金，依法不能作为计税依据的辩护意见，经查，《中华人民共和国进出口关税条例》规定，进出口货物的完税价格由货物成交价格以及货物运抵中国境内输入地点起卸前的运输及相关费用审查确定；由买方负担的购货佣金以外的佣金及经纪费应当计入完税价格。关税条例中所称不计入完税价格的“购货佣金”，是指买方在购买进口货物时向自己的代理人支付的劳务费用，是买方的代理人寻找供货商，并将买方要求通知卖方、收集样品、检查货物、安排运输、保险等事宜的活动中提供劳务而取得的报酬，即买方向其采购代理人支付的佣金。由于买方由此从事的活动与卖方的销售行为无关，因此该费用不用计入进口货物的完税价格。本案在案证据证实，杨彬进口两辆奔驰汽车，直接交易对象系本案中的外商。杨彬与外商约定进口汽车的实际成交价格为车窗纸价格与加价款（也即杨彬通过刘琳向外商支付的4.7万美元）之和。车窗纸部分车款，由杨彬通过开证公司以信用证形式向外商支付；加价款部分车款，由杨彬联系吴光宗、刘琳，通过第三方渠道向外商支付。外商收到汽车购车全款（包括车窗纸价款和加价款之和）后，向中国境内发货。因此，杨彬向境外供货商也即外商直接订车，直接进行交易，向外商支付的4.7万美元加价款是外商获得的销售利润，是包括在车辆销售价格中的部分，并非给境内代理人代理购车的劳务费用，该部分款项基于买卖关系而产生，而不属于关税条例中规定的“购货佣金”，应该如实向海关申报并计入纳税价格。杨彬辩护人所提辩护意见与客观事实不符，故不予采纳。

（4）对于杨彬及其辩护人所提原判事实不清，证据不足，杨彬行为不构成走私普通货物罪的辩解理由及辩护意见。经查，2017年10月，杨彬欲进口两辆克罗迪GLS450奔驰越野车，遂委托瀚海（天津）国际贸易有限公司开具信用证并委托天津睿拓国际贸易有限公司代为办理车辆进口报关报检等事宜。在车辆通关申报过程中，杨彬明知车辆真实成交价格为车窗纸价格与加价款之和，为偷逃税款，隐瞒实际成交价格，决定以车窗纸价格加1000美元作为商品价格向天津保税区海关进行申报。经计核，在上述业务中，杨彬偷逃应缴税款共计人民币195 239.79元。认定上述事实的证据有证人韩国栋、吴红亮、刘琳证言、电子证据检验报告、电子数据打印件、瀚海（天津）国际贸易有限公司开证记录、信用证复印件、进口货物报关单、配置价格说明、代理报关委托书、进口代理授权委托书、费用账单、杨彬、刘琳及吴光宗名下账户的银行交易流水、天津海关核定证明书、扣押决定书、扣押笔录、扣押清单、受案登记表、立案决定书、案件来源及到案经过等，上诉人杨彬在侦查阶段共作过五次稳定有罪供述，一审庭审期间，杨彬自愿认罪认罚，且自愿签署认罪认罚具结书。综上，一审判决认定杨彬走私普通货物犯罪的事实清楚，证据确实充分，足以认定。一审法院根据被告人杨彬的犯罪事实、性质、情节和对社会的危害程度，对其定罪准确，量刑适当。上诉人杨彬及其辩护人所提该辩解理由及辩护意见缺乏事实及法律依据，故不予采纳。

裁判结果

天津市第三中级人民法院于2021年8月19日作出（2021）津03刑初7号刑事判决：“一、被告人杨彬犯走私普通货物罪，判处有期徒刑一年，缓刑一年，并处罚金人民币二十万元。在缓刑考验期内，依法对被告人杨彬实行社区矫正。二、在案扣押的杨彬违法所得人民币195 239.79元依法没收，上缴国库。”原审被告人杨彬不服，提出上诉。天津市高级人民法院于2021年12月15日作出（2021）津刑终98号刑事裁定：“驳回上诉，维持原判。”

裁判理由

走私普通货物罪为涉税型走私犯罪，客观方面表现为违反海关法规，逃避海关监管，采取低报价格的手段走私普通货物，数额较大的行为。侵害的客体是国家海关的正常监管秩序和关税利益。本案的争议焦点主要有以下两点：

一、本案中被告人杨彬另外向境内账户支付的购车加价款（佣金）是否应当计入计税价格

《中华人民共和国进出口关税条例》第十八条规定，“进口货物的完税价格由海关以符合本条第三款所列条件的成交价格以及该货物运抵中华人民共和国境内输入地点起卸前的运输及其相关费用、保险费为基础审查确定。进口货物的成交价格，是指卖方向中华人民共和国境内销售该货物时买方为进口该货物向卖方实付、应付的，并按照本条例第十九条、第二十条规定调整后的价款总额，包括直接支付的价款和间接支付的价款”。需要注意的是，成交价格是认定完税价格的基础，而成交价格按照本条之规定，并不完全等同于实际贸易中的发票或者合同价格，其中包括实付、应付价格等因素。因此，本案中汽车交易的实际成交价格不能拘泥于“合同或发票”的价格，而应当依据货物进口时，杨彬为进口汽车，按照卖方的条件和要求而向外商实付、应付，甚至间接支付的全部价款来认定实际成交价格。

对此，被告人杨彬是认可的，即“加价款”是作为外商卖车条件，且必须支付给外商的汽车的货款的一部分，系成交价格的组成部分，依据《海关法》规定在进口时应当如实向海关申报缴纳税款。

二、被告人杨彬按外商要求支付到境内第三方账户的资金即使未实际支付至境外，亦不影响本案进口汽车成交价格的认定

参照《中华人民共和国海关审定进出口货物完税价格办法》，其第51条对“实付、应付价格”作出定义，实付、应付价格，是指买方为购买进口货物而直接或者间接支付的价款总额，即作为卖方销售进口货物的条件，由买方向卖方或者为履行卖方义务而向第三方已经支付或者将要支付的全部款项。该条还明确了“间接支付”的定义，即买方根据卖方的要求，将货款全部或者部分支付给第三方，或者冲抵买卖双方之间的其他资金往来的付款方式。

认定走私货物偷逃税款的依据为《中华人民共和国海关计核涉嫌走私的货物、物品偷逃税款暂行办法》。该办法第十六条明确，“涉嫌走私货物能够确定成交价格的，其计税价格应当以该货物的成交价格为基础审核确定”。如前所述，本案进口车辆的成交价格能够确定，包含了加价款。“实付应付”的讨论旨在评价成交价格中的加价款是否必须一定要支付到境外的情形。

海关法意义上的“实付、应付”包含了“将要支付”“支付给第三方”等内容，排除了通常理解下的“货款一定要实际支付给国外外商账户”的认知。本案杨彬支付给刘琳的款项应理解为此支付内容，且被告人杨彬未对该笔款项做出排他性合理辩解（如借贷、其他交易货款等），故应当认定为作为外商销售汽车的条件，按照外商要求，应付且通过第三方间接实际支付给外商的货款，系进口汽车成交价格的一部分。杨彬与其辩护人所称并未实际支付到境外的辩解不能成立，也不影响其走私普通货物罪的认定。

侯增喜非法经营案

关键词　非法经营　规制范围　判定方法

裁判要点

对涉非法经营的案件，人民法院应以《刑法》条文规定的入罪条件为根本遵循，结合立法本意进行判断，遵照有关工作流程进行妥善处理。同时，坚持司法工作人民性，以符合人民群众的公平正义观为重要考量依据，依法作出裁判。

相关法条

《中华人民共和国刑法》第二百二十五条

基本案情

公诉机关指控，被告人侯增喜于2015年10月以虚构的“东旭物流公司”（后于2018年3月更名为“金鹏凯业公司”），自2015年10月至2018年11月，向途经本市东丽区东金路与津北线交口、庙街等路段的违章货车司机出售“保通行联系卡”，从中牟取非法利益。侯增喜先后雇佣侯增海、田恩山等人（均另案处理），以盯梢交警等方式，帮助违章货车司机逃避交通执法部门警察查处，非法出售“保通行联系卡”金额达150余万元。

公诉机关提交了有关物证照片、书证、证人证言、辨认、搜查笔录、被告人供述和辩解等证据材料，认为被告人侯增喜非法从事经营活动，扰乱市场秩序，情节严重，其行为触犯了《中华人民共和国刑法》第二百二十五条之规定，应当以非法经营罪追究其刑事责任。

辩护意见：（1）被告人侯增喜2018年3月成立公司后属于单位犯罪；（2）侯增喜个人实际获利较少；（3）侯增喜系初犯、偶犯，归案后能够主动交代自己的犯罪事实，认罪悔罪；（4）侯增喜系视力残疾人，家庭负担较重。故请求法庭对其从轻处罚。

法院经审理查明：被告人侯增喜于2015年10月以虚构的“东旭物流公司”为

名雇佣十余名人员，向途经本市北辰区、东丽区、津南区、西青区的货车司机出售"保通行联系卡"。2017年5月12日，被告人侯增喜注册成立天津金鹏凯业运输有限公司，法定代表人、财务负责人、股东、执行董事均是侯增喜，经营范围包括普通货运、装卸搬运、打包服务并继续仅从事出售"保通行联系卡"业务。司机购买卡片后，在通过特定路段时，即可与卡片上的电话号码联系，询问交警等执法部门的检查情况。侯增喜组织部分人员接听司机电话；部分人员盯梢执法人员，进行探路、引路。如有交警等执勤、检查，即让货车司机在特定地点躲避；如无执勤、检查，即让货车司机上路行驶，以此方式为超载超限货运司机提供信息，帮助其逃避交通执法部门的检查、处罚。侯增喜售卖的"保通行联系卡"按月份销售，按车型大小价格为400元至1000元。2015年10月至2018年11月，侯增喜先后向300余辆大货车非法售卖"保通行联系卡"，共获利1 495 950元。

裁判结果

天津市红桥区人民法院于2021年10月8日作出（2019）津0106刑初268号刑事判决，以非法经营罪判处被告人侯增喜有期徒刑六年，并处罚金人民币150万元，追缴被告人侯增喜违法所得；依法没收作案工具。一审宣判后，被告人侯增喜未提出上诉，公诉机关亦未抗诉，该判决已发生法律效力。

裁判理由

法院生效裁判认为：根据《最高人民法院关于准确理解和适用刑法中"国家规定"的有关问题的通知》，依法认定其行为属于《刑法》第二百二十五条第四款规定的"其他严重扰乱市场秩序的非法经营行为"，构成非法经营罪。非法经营罪，是指自然人或单位，违反国家规定，故意从事非法经营活动，扰乱市场秩序，情节严重的行为。《中华人民共和国道路运输条例》第二条明确规定："从事道路运输经营以及道路运输相关业务的，应当遵守本条例。前款所称道路运输经营包括道路旅客运输经营（以下简称客运经营）和道路货物运输经营（以下简称货运经营）；道路运输相关业务包括站（场）经营、机动车维修经营、机动车驾驶员培训。"由此可知，我国法律规范已对道路运输行业的经营范围作出明确规定。被告人为非法牟利，向大量从事货物运输行业的车队、公司出售印有联系方式的"保通行联系卡"，通过为运营车辆提供周边道路行政执法的信息，帮助逃避处罚提供通行便利，获取非法收益。本案中被告出售的"保通行联系卡"本身虽不属于《刑法》第二百二十五条所规定的限制许可买卖的物品，但是被告实际经营的是为帮助司机逃避处罚提供"保通行"的一种非法道路运输服务。该服务以非法牟利为目的形成一定规模后，是一种被法律所禁止的经营活动，应当认定为不可能取得经营许可证且严重扰乱运输行业市场秩序。因此，构成非法经营罪，应予刑事制裁。具体理由如下：

一、为违法货车引路，阻碍公路检查执法的规模化经营活动违反法律禁止性规定

非法经营罪客观方面的前提行为是违反国家规定，即违反全国人民代表大会及其常务委员会制定的法律和决定，国务院制定的行政法规、规定的行政措施、发布的决定和命令。《中华人民共和国公路法》第七十一条明确规定，“公路监督检查人员依法在公路、建筑控制区、车辆停放场所、车辆所属单位等进行监督检查时，任何单位和个人不得阻挠”。《公路安全保护条例》进一步规定，“禁止通过引路绕行等方式为不符合国家有关载运标准的车辆逃避超限检测提供便利”。

从上述规定可知，在路政管理机构、公路监督检查人员，对违反相关法律从事运载活动的司机进行检测和查处时，任何人不得采取引路绕行等方式帮助行为人规避处罚，更不能阻止、妨碍检查。上述案件中，被告人为超载超限货车司机提供通行信息，告知货车司机如何躲避检查，其行为模式符合《公路安全保护条例》中所表述的情形。在交警、路政等交通、公路管理部门人员进行检查时，为违法车辆提供路段检查情况，客观上对于执法部门的检查行为形成阻碍，干扰了行政执法的正常流程，违反《公路法》上述规定。因此应当认定被告人的违法行为符合非法经营罪中违反国家规定的构成要件。

二、向货车司机提供道路检查有关信息并以此营利的行为严重扰乱道路货物运输市场的正常秩序

《中华人民共和国道路运输条例》对道路运输市场的相关事项进行了规范，旨在保障道路运输安全，保护道路运输各方当事人的合法权益，促进道路运输业的健康发展。《中华人民共和国道路运输条例》第三条规定，“从事道路运输经营以及道路运输相关业务的，应当依法经营、诚实信用、公平竞争”。我国的市场经济应当是法治经济，强调资源配置的合理性和各市场主体之间的平等与公平竞争。

从事公路货运的经营者及驾驶员均是参与货运市场的主要主体，本案被告人多次向货运车队、司机销售“保通行联系卡”，在司机通过时告知检查情况，提供路段检查信息，帮助其逃避交警、路政等执法部门的检查，货车司机如在被告人“负责”的路段被查处，甚至有的还能凭处罚凭证向被告人“报销”罚款，形成了一种非法的交易模式，违背市场经济的诚实信用原则，使超载超限的货运公司肆无忌惮违法违规，通过货物超载降低成本、吸引货源，获取更多利润，相比合法经营者其经营成本更低、获取利润更大，甚至不必担心受到处罚后的支出，对遵守货运市场规则及法律法规的货运公司，形成了不对等的竞争优势，正常货运公司或者跟风超载，或者就可能丧失一部分货源，影响行业稳定，扰乱货物运输市场经济秩序。同时，其潜在危害也不容忽视：一是危害公共交通安全，如果货运公司无视执法检查肆意超载超限，货车上路后便成为道路安全隐患，一旦超载超限货车造成交通事故，其后果普遍更为严重，如无锡高架桥侧翻就是货车超载引起的，严重危害人民群众生命财产安全。二是激发潜在的违法犯罪心理，以本市为例，自2010年韩德庆团伙开始从事此类犯罪，出现了多伙势力争相仿效，甚至有的犯罪分子脱离原团伙自立门户以获取更大的经济利益，还有的购买后加价出售赚取差价，如不及时遏制，可能会有更多人效仿此类行为。从外省的案例来看，后期还有强行敛财，发展为敲诈勒索犯罪的可能。三是造成周边社会的不稳定因素，此次涉及的四个团伙，为壮大自身实力，保障其非法活动的运行，各自招募、雇佣团伙成员，少则几人多则十几人，必然每日游荡于天津周边。此类闲散人员一旦形成更为固定的组织甚至发展成为黑恶势力，会造成更为恶劣的社会影响。综上，此类行为严重扰乱货运市场公平公正的竞争秩序，使得非法货运以更低的成本获得了更大的利润，侵犯了市场管理秩序和行政执法活动，破坏了稳定、有序的经济状态，影响了市场经济的健康运行。

三、综合各被告人非法经营、违法所得数额及其他情节，已达到了"情节严重"的程度

本案被告人的行为与《刑法》第二百二十五条前三项在社会危害具有相当性，达到情节严重。侯增喜纠集十余人，3年间向三百余辆大货车出售"保通行联系卡"金额近150万元。被告人非法经营的数额及违法所得远超《最高人民法院关于公安机关管辖的刑事案件立案追诉标准的规定（二）》第七十九条第（八）项的规定。再结合本案中被告人纠集数人虚构公司，配备车辆、电台、手机等作案工具，有组织、有分工地实施卖卡、盯梢、接听电话、探路、引路等行为，被告人每月向公司成员发放工资，对卖卡人员还根据卖卡金额发放提成，还有其他涉案人员从被告人处买卡后再加价转卖，已形成了一条非法经营、获利的产业链，造成恶劣的社会影响。加之被告人所实施的非法经营行为为超载超限运输大开方便之门，恶意为行政机关交通道路管理增添障碍，给道路安全行驶带来重大事故隐患。同时，被告人的行为严重影响本市及周边的行政执法环境，超载超限货车通过提前得知执法者的检查情况逃避检查，不仅使行政执法的权威受到损害，还容易引发群众对执法队伍是否廉洁公平的质疑，长此以往会造成行政执法队伍整体形象受损，具有严重的社会危害性，综合全案情节足以认定其"情节严重"。

四、对此行为的处罚，符合非法经营罪的立法本意及人民群众的公平正义观

一是从非法经营罪处罚的对象来看，从《刑法》规定来看，非法经营罪的客观方面包括"未经许可经营专营、专卖的物品""买卖经营许可证、批准文件""非法经营证券、期货、保险业务和非法从事资金支付结算业务”等；从具体司法解释来看，还包括“出版、发行非法出版物”“擅自经营国家电信业务”“在特定时期哄抬物价、牟取暴利”等，也即不能将非法经营罪的犯罪对象狭义地理解为交易物品，或是仅规制专营专卖行业，该罪名所规制的对象仍是具有社会危害性、扰乱市场管理秩序的经营行业。本案的非法经营行为发生在货物运输流通领域，提供以非法牟利为目的的道路运输服务，该行为严重违反了有关国家规定，并具有严重的社会危害性，属于非法经营罪的打击对象。

二是从该行为的自身性质来看，根据最高人民法院有关指导案例精神，判断一行为是否属于严重扰乱市场秩序的非法经营行为，核心要看其经营行为的违法性及扰乱市场秩序的严重程度。结合本案情况，各被告人以出售“保通行联系卡”为名，在超载超限货车通过其路段，来电询问时便告知监督检查人员的活动情况，以帮助货车司机逃避处罚，其实质就是出售执法情况信息获取巨额非法利益，无疑是一种违法行为，且各被告人还虚构公司的名义，招募员工、配备工具、发放工资，形成一定规模和固定交易模式，其行为造成行政执法权威受损，危害道路运输市场的正常竞争秩序。在大货车超载超限屡禁不止、造成安全事故，引发人民群众广泛关注的现实情况下，各被告人仍继续从事这项非法经营活动，更显出刑事处罚的必要性，也符合人民群众对公平正义的价值追求。

合库金国际租赁有限公司与天津祥泰健身器材股份有限公司、宋春梅、王斌、天津大剑塑胶科技有限公司融资租赁合同纠纷案

关键词：融资租赁　解除合同　重复诉讼　财产扣押　权利顺位

裁判要点

1.人民法院审理融资租赁合同纠纷案件，若其他法院已就该案件所涉合同纠纷作出生效法律文书，应根据《最高人民法院关于审理融资租赁合同纠纷案件适用法律问题的解释》的规定，并结合该案诉请及事实理由分析是否违反"重复诉讼"规则。当出租人因承租人未按照生效法律文书履行支付租金义务，再行起诉请求解除融资租赁合同、收回租赁物时，不应认定为"重复诉讼"。

2.融资租赁出租人再行起诉请求解除租赁合同及收回租赁物的，其享有租赁物处置权的前提是放弃先前生效法律文书中主张的支付剩余未付租金的权利。基于原告先前已向苏州工业园区人民法院主张债权并有法院查封扣押被告其他财产的情况，本案判项中明确写明要求出租人向先前作出生效法律文书的法院明确放弃对执行案件的权利，并申请解除此案件的强制措施，此后方可就本判决申请强制执行，以此解决前后两次诉讼的衔接问题。

相关法条

《最高人民法院关于审理融资租赁合同纠纷案件适用法律问题的解释》第二十一条第二款、第十二条第（二）项；《中华人民共和国合同法》第二百四十九条

基本案情

2017年8月31日，案外人天津市信易电热设备有限公司作为卖方，原告合库金国际租赁有限公司作为买方，天津祥泰带钢股份有限公司作为承租人，三方共同

签订编号A1708024-1号《租赁物买卖合同》。约定原告（买方）根据（承租方）天津祥泰带钢股份有限公司指定向（卖方）天津市信易电热设备有限公司购买12台设备，含税总价款为198 000元。

合同签订后，各方都依照合同履行了义务。其中2017年10月10日承租人按约支付了足额首付款，2017年10月20日原告按约支付了剩余包含税票的货款，随后卖方将合同约定的12台设备按照天津祥泰带钢股份有限公司指定的地点进行了交付。天津祥泰带钢股份有限公司在原告的《租赁物接受确认单》上盖章并签字，并按照合同约定，于2017年10月20日将上述租赁物全部所有权转移至原告名下。

2017年8月31日，买卖合同签订当日，原告合库金国际租赁有限公司作为出租人（甲方），天津祥泰带钢股份有限公司作为承租人（乙方），天津祥泰带钢股份有限公司的法定代表人宋春梅和被告王斌作为连带保证人，四方共同签订编号A1708024号《融资租赁合同》。根据该合同附件二《租金支付明细表》约定及后期税款下调，可以确定租金分前后两段共24期支付，承租方应支付租金（含税）24期共计173 065.57元。

合同签订后，承租人支付了首付款和12期的含税租金39 600元和95 957.05元（第1～7期共计56 175元，第8～12期共计39 782.05元）。在已经履行的12期租金中，仅首付款和第1期租金是按照《租赁事项》《租金支付明细表》约定准时足额交付的。已付第2～12期租金的逾期违约金共计2716.76元。第13～24期，被告均没有主动履行支付义务，原告催要未果。

2019年1月25日，苏州工业园区人民法院受理了原告起诉本案三被告融资租赁合同纠纷。在该院主持下各方当事人达成了调解协议。2019年6月13日，苏州工业园区人民法院对上述协议出具（2019）苏0591民初1035号民事调解书予以确认。苏州工业园区人民法院还在受理案件时依据原告申请作出了（2019）苏0591民初1035号民事裁定书，对三被告名下财产采取了财产保全措施。（2019）苏0591民初1035号民事调解书生效后，三被告并未按期履行该调解书确定的义务，2019年11月6日，苏州工业园人民法院受理了原告对该调解书的强制执行申请，并依法采取了执行措施。2021年2月苏州工业园区人民法院在未发现其他可供执行的财产后，将三被告纳入失信被执行人名单，并出具（2019）苏0591执5173号之一执行裁定书，裁定终结本次执行程序。原告遂向本院提起诉讼，请求判令解除《融资租赁合同》、被告返还12台租赁设备并赔偿原告损失。

裁判结果

天津市西青区人民法院于2021年7月2日作出（2021）津0111民初2641号民事判决书：

一、原告合库金国际租赁有限公司与被告天津祥泰健身器材股份有限公司签订的编号为A1708024号《融资租赁合同》于2021年3月28日解除。

二、原告合库金国际租赁有限公司对《融资租赁合同》项下租赁物12台设备享有所有权，被告天津祥泰健身器材股份有限公司于本判决生效之日起十日内向原告合库金国际租赁有限公司返还上述租赁物12台设备；第三人天津大剑塑胶科技有限公司协助被告天津祥泰健身器材股份有限公司履行上述返还义务。

三、被告天津祥泰健身器材股份有限公司于本判决生效之日起十日内赔偿原告合库金国际租赁有限公司损失，损失赔偿范围为被告天津祥泰健身器材股份有限公司全部未付租金45 449.68元及违约金与收回租赁物价值的差额（租赁物价值按判决第四项确定）。

四、涉案租赁物12台设备价值以原被告双方协商，或法院拍卖、变卖该租赁物所得价款确定，如租赁物价值超过全部债务，超过部分归被告天津祥泰健身器材股份有限公司所有。

五、被告宋春梅、被告王斌对被告天津祥泰健身器材股份有限公司上述第三项判项判决的义务承担连带赔偿责任；被告宋春梅、被告王斌在承担保证责任后有权向债务人被告天津祥泰健身器材股份有限公司追偿。

六、驳回原告合库金国际租赁有限公司的其他诉讼请求。

本判决生效后（当事人提起上诉的，以上诉法院生效判决为准），原告合库金国际租赁有限公司应按照在本院庭审中的承诺，于本判决生效后十日内到苏州工业园区人民法院，明确放弃对苏州工业园区人民法院（2019）苏0591民初1035号民事调解书和（2019）苏0591执5173号执行案件的权利，并申请解除上述案件中的相关案件强制措施，在此后方可在本院申请强制执行本判决。

天津市第一中级人民法院于2021年9月23日作出（2021）津01民终6671号民事裁定书，驳回上诉，维持原判。

裁判理由

一、关于原告本次诉讼是否违反“重复诉讼”规则问题

首先，虽然原告、被告已就案涉融资租赁合同纠纷在苏州工业园区人民法院（2019）苏0591民初1035号案件中达成调解协议，该院制作了调解书，但因该案中原告申请法院强制执行未果才导致本诉的产生，故本案系基于新的事实产生的纠纷。且原告当庭表示，如法院支持其第一项解除融资租赁合同的诉请，其即不再主张苏州工业园区人民法院（2019）苏0591民初1035号民事调解书和（2019）苏0591执5173号执行案件的权利。根据《最高人民法院关于审理融资租赁合同纠纷案件适用法律问题的解释》第二十一条第二款“出租人请求承租人支付合同约定的全部未付租金，人民法院判决后承租人未予履行，出租人再行起诉请求解除融资租赁合同、收回租赁物的，人民法院应予受理”之规定，并结合原告当庭表示放弃苏州工业园区人民法院（2019）苏0591民初1035号民事调解书和（2019）苏0591执5173号执行案件的权利的意愿，原告提起本案诉讼不构成重复诉讼，原告有权提起合同解除之诉。

其次，《融资租赁合同》第3.2条和第12条对重大违约事项和解除合同做了明确约定："3.2在租赁期限内，乙方无条件同意按本合同规定按时、足额支付租金和其他款项，如任何一期租金，或其他费用或各期租金或费用之任何部分到期后逾三日仍未支付者，乙方即被视为拒绝付款与重大违约"；"12.1乙方违反本合同之约定，或有下列各款情形之一时，甲方有权主张乙方重大违约并可选择A解除本合同，收回租赁物并请求赔偿损失……12.1.1乙方对本合同项下任何一项给付，到期未依规定给付，且迟延给付已达三天，并在甲方催后3日内仍未给付。12.1.11乙方未履行本合同约定的其他义务时"。根据《最高人民法院关于审理融资租赁合同纠纷案件适用法律问题的解释》第十二条第一款第（二）项的规定，"有下列情形之一，出租人请求解除融资租赁合同的，人民法院应予以支持：……（二）承租人未按照合同约定的期限和数额支付租金，符合合同约定的解除条件，经出租人催告后在合理期限内仍不支付的……"

本案《融资租赁合同》中，被告天津祥泰健身器材股份有限公司应付24期租金总计173 065.57元，实付租金共计127 615.89元，支付比例为73.74%。且即使已经支付的租金也多有逾期迟延履行情况，还有部分是在原告已经诉至苏州工业园区人民法院后支付以及被执行到位的款项冲抵。从2020年3月23日至今被告未再履行剩余支付租金的义务。根据《融资租赁合同》第12条和《最高人民法院关于审理融资租赁合同纠纷案件适用法律问题的解释》第十二条第（二）项的规定，被告违约行为已经满足解除《融资租赁合同》的法定和约定条件。经原告催告后在合理期限内被告仍不支付，特别是在苏州工业园区人民法院调解案件进入执行程序执行后，被告仍未主动履行义务，直到2021年2月苏州工业园区人民法院终结（2019）苏0591执5173号执行案件。在被告切实不能继续履行义务的前提下，原告有权在合理期限内提起解除合同之诉，而实际上原告系在2021年3月即在一审法院提起了解除合同之诉，因此对原告的此项诉讼请求应当予以支持。

二、关于原告本案租赁物处置权与原告苏州工业园区人民法院主张的债权并有法院查封扣押被告其他财产之间的权利顺位问题

原告亦在庭审中明确，如法院支持其解除合同的诉请生效，其立刻放弃在苏州工业园区人民法院（2019）苏0591民初1035号民事调解书和（2019）苏0591执5173号执行案件的权利，仅主张本次诉讼的权利。因此原告在本判决生效后应及时向苏州工业园区人民法院陈述相关情况，申请解除相关强制措施，并明确放弃其在苏州工业园区的上述两案的权利。

中冶天工(天津)装备制造有限公司诉台州九泰金属制品有限公司独立保函欺诈案

关键词:独立保函　欺诈　证明标准

裁判要点

1.独立保函欺诈系独立保函独立性原则的唯一例外,相关案件审理中应当严格单据审查范围与证明标准。当事人主张构成独立保函欺诈的,证明标准应当达到能够排除合理怀疑的程度。对于索兑单据的审查,范围应当限于独立保函载明的单据条件。

2.对于受益人是否存在明显滥用保函付款请求权的欺诈情形的认定,应当结合案涉证据审查保函开立人是否存在未完全或适当地履行基础合同项下义务的情形,即审查有无争议履行行为,而非因争议履行行为造成的违约程度或损失大小。

相关法条

《最高人民法院关于审理独立保函纠纷案件若干问题的规定》第十二条、第二十条

基本案情

原告中冶公司诉称:2018年1月8日,原告与被告台州九泰金属制品有限公司(以下简称九泰公司)签订编号为TS-2018-DD-SC001号巴拿马项目煤铜矿后续钢结构工程《钢结构购销合同》。根据该合同的约定,原告向第三人中国建设银行股份有限公司天津东丽支行(以下简称建行东丽支行)申请开立了以被告为受益人的质量保函,保函的最高金额为人民币1 130 147.22元,有效期截止日为2019年10月25日。2018年9月17日,原告与被告签署工程结算单,被告对工程质量无异议。此后,被告也未以书面或口头方式告知原告基础合同下的项目存在任何质量问题。

2019年10月21日,第三人东丽支行收到被告九泰公司递交的索赔文件。九泰

公司以中冶天工（天津）装备制造有限公司（以下简称中冶公司）出现违约情形为由，要求东丽支行按照保函的最高金额向其支付款项人民币1 130 147.22元。2019年10月24日，中冶公司向天津市东丽区人民法院申请东丽支行中止向九泰公司支付上述保函项下款项，天津市东丽区人民法院于2019年10月25日作出（2019）津0110财保14号中止支付裁定。中冶公司认为保函第二条所载明的“原告提供的货物或服务不符合基础交易合同约定”的索赔条件并不成立。九泰公司在索赔文件上作虚假陈述，明知没有付款请求权仍滥用该权利，构成独立保函欺诈，应认定索兑行为无效。

被告九泰公司辩称：（1）九泰公司有合理理由怀疑中冶公司交付的钢构件存在质量问题。第一，2019年4月3日，九泰公司收到A.C.T.ENGINEERS PTY LTD.（以下简称ACT公司）邮件，该邮件附件系发包方现场施工人员根据现场情况出具，有施工现场的照片及现场人员签字，足以证明中冶公司在履行合同时存在“提供的货物不符合基础交易合同约定”的情形；第二，中冶公司负有提供合同项下钢构件的无损探伤报告的义务，该义务系双方合同约定的内容，也是一直以来双方及行业的交易惯例，但经九泰公司多次催促，中冶公司至今未提交无损探伤报告，九泰公司有合理理由怀疑中冶公司因质量问题而故意逃避进行无损探伤检测；第三，九泰公司与中冶公司的工程结算单并非对质量的认可，因在结算时无法发现存在工程质量问题，才由中冶公司出具质量保函。（2）中冶公司和九泰公司在签订书面合同前，已经履行了合同内容，即口头协议在先、书面合同在后，后签署的合同内容对双方已经履行的部分亦有约束力，且九泰公司提交的质量检查表中载明的分项目号均能与案涉合同项下的分项目号一一对应，足以证明案涉合同成立前产生的质量检查表即体现案涉合同项下的质量问题，中冶公司拒绝在该表上签字，也拒绝整改，违反了合同约定；九泰公司提供的检查报告虽然是出厂前的，但至少证明中冶公司加工的钢构件在出厂前存在质量问题，中冶公司应承担举证责任，证明其加工制造的钢构件在出厂时已经过整改，并且经检测是合格的；九泰公司对中冶公司在履行其他合同时的违约行为和履行案涉合同的多个违约行为的客观描述不能被认定为欺诈行为。本案中，九泰公司已经提交了相应的证据证明中冶公司提供的货物或服务的质量不符合基础交易合同约定，则建行东丽支行就应承担见索即付的付款义务。

法院经审理查明：2018年1月8日，中冶公司、九泰公司签订编号TS-2018-DD-SC001号《钢结构购销合同书》，合同项下工程承包范围为巴拿马项目煤铜矿后续钢结构供应，工期2017年11月23日至2018年4月25日，工程质量达到图纸要求和国家工程质量合格标准。合同约定最后一批货物离场前双方办理结算，九泰公司付款至结算额的100%，中冶公司开具质量保函。合同签订后，中冶公司依约履行合同，九泰公司上门提货。2018年9月17

日，双方办理结算，九泰公司将本合同项下货款全部支付完毕。中冶公司于2018年11月19日以九泰公司为受益人开具编号181207800000205的保函，保函有效期至2019年4月20日，保函金额为1 130 147.22元。九泰公司在2019年4月18日索赔编号181207800000205的质量保函。2019年4月29日，天津市东丽区人民法院出具（2019）津0110财保6号民事裁定，裁定中止支付。中冶公司于2019年5月17日以九泰公司为受益人开具编号191207800000088的保函，保函有效期至2019年10月25日，保函金额为1 130 147.22元。保函约定：该保函为不可撤销，见索即付的独立保函，在有效期内如中冶公司提供的货物或服务的质量不符合基础交易合同约定，建行东丽支行收到九泰公司付款请求书及符合保函要求的单据后，以保函金额为限支付相应款项。九泰公司于2019年10月17日向建行东丽支行提出本保函项下付款请求，并提交了付款请求书、委托书、保函正本原件、相应的质量问题证明材料。2019年10月18日，建行东丽支行通知中冶公司关于九泰公司的索赔情况，中冶公司于2019年10月24日向天津市东丽区人民法院申请止付，并提供了相应担保，天津市东丽区人民法院于2019年10月25日作出（2019）津0110财保14号民事裁定书，裁定第三人止付保函项下全部款项。

裁判结果

2020年12月11日，天津市东丽区人民法院作出（2019）津0110民初9531号民事判决书，认定九泰公司申请索兑保函的行为构成独立保函欺诈而无效，建行东丽支行终止向九泰公司支付保函项下款项，案件受理费由九泰公司负担。九泰公司不服，提起上诉，2021年7月26日，天津市第三中级人民法院作出（2021）津03民终1504号民事判决书，驳回中冶公司的全部诉讼请求，并由中冶公司承担一审、二审全部诉讼费用。

裁判理由

法院生效裁判认为：本案争议焦点为九泰公司是否构成独立保函欺诈，即中冶公司能否以独立保函欺诈例外原则请求终止支付保函项下款项。

一、关于案涉独立保函欺诈纠纷的审查范围与证明标准

独立保函具有独立性、单据性特征，独立于基础交易法律和其他法律关系，开立人仅处理单据，不受基础交易法律关系和独立保函申请法律关系的有效性、修改、转让、履行等情况影响。本案中，中冶公司与九泰公司签订的《钢结构购销合同》即本案的基础合同，其性质、效力、具体履行情况等不应属于本案审查范围，但本案可以审查认定基础交易中与中冶公司主张的保函欺诈相关的事实，如中冶公司的基础合同项下的义务范围、是否存在违约行为等，以判定受益人九泰公司是否存在保函欺诈情形。根据庭审意见，中冶公司主张九泰公司申请兑付保函的行为构成

《最高人民法院关于审理独立保函纠纷案件若干问题的规定》(以下简称《独立保函规定》)第十二条规定的第二、四、五种独立保函欺诈情形，则中冶公司应当举证证明且达到能够排除合理怀疑地认定受益人九泰公司构成独立保函欺诈。

二、九泰公司有无提交伪造或内容虚假的第三方单据

中冶公司主张九泰公司构成《独立保函规定》第十二条第(二)项规定的保函欺诈情形，即“受益人提交的第三方单据系伪造或内容虚假”。案涉保函第二条已经明确了受益人申请兑付保函的单据条件，现九泰公司申请兑付保函时已提交了符合案涉保函规定形式的付款请求书及保函正本，开立人建行东丽支行对此亦无异议，虽九泰公司亦提交了案涉合同项下钢构件出厂前的检测报告、部分与案涉合同无关的检测报告及其他佐证材料，但并非独立保函载明的单据条件，故九泰公司提交的佐证材料不应作为开立人兑付独立保函时的审查内容，否则将违背独立保函的独立性特征及“先赔付，后争议”的处理原则。即使中冶公司认为上述佐证材料不能作为其提供案涉合同项下产品及服务具有质量问题的依据，但中冶公司并未举证证明上述材料系伪造或内容虚假，故对中冶公司的该项抗辩意见本院不予支持。

三、九泰公司是否存在明显滥用保函付款请求权的欺诈情形

中冶公司主张九泰公司还构成《独立保函规定》第十二条第(四)项、第(五)项规定的保函欺诈情形。《独立保函规定》第十二条第(四)项规定，“受益人确认基础交易债务已得到完全履行或者确认独立保函载明的付款到期事件并未发生”；第(五)项规定，“受益人明知其没有付款请求权仍滥用该权利的其他情形”，该两项情形可以归纳为受益人明知其已经没有或丧失保函索赔权，仍滥用保函付款请求权的欺诈情形。结合本案，中冶公司是否存在未完全或适当地履行基础合同项下义务的情形，是本案审查判断九泰公司是否滥用保函索赔权构成独立保函欺诈的关键。九泰公司于一审中提交了经公证保全的电子邮件信息，邮件内容载明为“E2017043其中一个支架的现场整改NCR文件”，并附钢构件照片，照片中显示的钢构件编号与九泰公司二审提交的证据七，即中冶公司向九泰公司发送的邮件附件装箱单中同一项目编号下的钢构件编号相互对应，且该项目编号亦载明于中冶公司与九泰公司签订的《钢结构购销合同》即案涉基础合同清单中，能够证明ACT公司曾就案涉基础合同项下钢构件现场整改情况及费用与九泰公司进行交涉，案涉钢构件质量存在争议，即中冶公司的举证尚未达到《独立保函规定》第二十条规定的“能够排除合理怀疑地认定构成独立保函欺诈”的证明要求，故中冶公司主张九泰公司存在明显滥用保函付款请求权的欺诈情形不能成立。

综上所述，中冶公司通过建行东丽支行向九泰公司出具的独立保函是其真实意思表示，合法有效，中冶公司并无充分确凿的证据证明九泰公司存在《独立保函规定》第十二条规定的法定欺诈情形，其诉请不能成立。

案例注解

独立保函是适应国际商事交易实践和国际惯例而产生的一种新类型担保方式。其突破了普通担保的从属性，独立于基础合同，只要受益人提供了表面与保函条款相符的单据，担保人就必须承担无条件的偿付责任。案涉保函系由中冶公司以九泰公司为受益人向建行东丽支行申请开具，保函明确载明“本保函为不可撤销、见索即付的独立保函”，即案涉保函具有独立性、单据性特征，独立于基础交易法律和其他法律关系，开立人仅处理单据，不受基础交易法律关系和独立保函申请法律关系的有效性、修改、转让、履行等情况影响。根据《独立保函规定》第六条，受益人提交的单据与独立保函条款之间、单据与单据之间表面相符，并请求开立人依据独立保函承担付款责任的，开立人应当依据“先赔付，后争议”的原则见索即付，而不能援引基础交易关系或独立保函申请关系对付款义务提出抗辩。但当受益人违背诚实信用和权利不得滥用原则，利用独立保函进行欺诈时，开立人可以援引保函欺诈例外进行抗辩并终止支付。据此，独立保函欺诈作为独立保函独立性原则的唯一例外，法院审理该类纠纷案件，虽可以突破不受基础法律关系影响的阻却，但对基础交易的审查范围与程度应当坚持有限必要原则，审慎干预独立保函独立性，以维护独立保函金融信用流通之功能。

李玉华、徐晓婧、欧阳伟买卖国家机关证件罪一案

裁判要点

按照《刑事诉讼法》的规定，上诉权是被告人的基本诉讼权利，上诉制度的基础地位、关键作用要高于认罪认罚从宽制度。对于被告人认罪认罚后又提出上诉且检察机关因此抗诉的，二审法院应坚持全面审查，区分不同情形，严格依照法律规定分别作出裁判。不能仅仅因为被告人上诉、检察机关就此抗诉，就改判加重刑罚。

天津市第三中级人民法院刑事裁定书
（2021）津03刑终211号

抗诉机关天津市滨海新区人民检察院。

上诉人（原审被告人）李玉华，男，1983年4月6日出生于河北省大城县，汉族，高中文化，无职业，户籍地及现住址河北省廊坊市大城县留各庄镇洼里村北街4巷168号。2011年11月3日因犯合同诈骗罪被判处有期徒刑三年，缓刑五年，并处罚金人民币30 000元。因涉嫌犯买卖国家机关证件罪于2020年1月7日被天津市滨海新区公安局刑事拘留，同年2月12日被取保候审；2021年2月1日被天津市滨海新区人民检察院取保候审。2021年4月6日，经天津市滨海新区人民法院决定被逮捕。现羁押于天津市大港区看守所。

指定辩护人孙丹丹，天津行通律师事务所律师。

原审被告人徐晓婧，曾用名徐志明，女，1988年4月26日出生于山东省烟台市，汉族，大学本科文化，无职业，户籍地及现住址山东省烟台市福山区同福街5号内15号。因涉嫌犯买卖国家机关证件罪于2020年1月7日被天津市滨海新区公安局刑事拘留，同年2月12日被取保候审，2021年2月

1日被天津市滨海新区人民检察院取保候审，2021年5月21日被本院取保候审。

原审被告人欧阳伟，男，1993年8月28日出生于天津市津南区，汉族，大学本科文化，信旻企业管理咨询（天津）有限公司员工，户籍地及现住址天津市津南区辛庄镇津沽公路鑫旺里56号楼1门1301号。因涉嫌犯买卖国家机关证件罪于2020年1月7日被天津市滨海新区公安局刑事拘留，同年2月12日被取保候审，2021年2月1日被天津市滨海新区人民检察院取保候审，2021年5月19日被本院取保候审。

天津市滨海新区人民法院审理天津市滨海新区人民检察院指控原审被告人李玉华、徐晓婧、欧阳伟犯买卖国家机关证件罪一案，于2021年4月6日作出（2021）津0116刑初390号刑事判决。宣判后，原审被告人李玉华不服提出上诉，天津市滨海新区人民检察院提出抗诉。本院受理后，依法组成合议庭，依据《最高人民法院关于适用〈中华人民共和国刑事诉讼法〉的解释》第三百九十九条的规定公开开庭审理了本案。天津市人民检察院第三分院指派检察员田军、检察官助理张闻出庭履行职务，上诉人李玉华及其辩护人孙丹丹，原审被告人欧阳伟到庭参加诉讼。现已审理终结。

原审法院查明，被告人李玉华伙同被告人徐晓婧、欧阳伟以牟利为目的，于2019年7月至2020年1月在天津市滨海新区、武清区等地多次办理公司营业执照及银行对公账户，再由被告人李玉华出卖获利。经核实，三被告人共计办理营业执照142套，出售110套，被公安机关扣押32套。其中被告人李玉华获利40 000余元、被告人徐晓婧获利15 000余元、被告人欧阳伟获利20 000余元。2020年1月7日，被告人李玉华、徐晓婧、欧阳伟被公安机关抓获归案。

另查明，案发后，公安机关从被告人李玉华住处扣押蓝色电脑1台、手机2部、天津信才信息技术有限公司（包含营业执照正副本、基本存款账户信息、公章、结算卡及银行U盾等）等公司手续32套、个人印章5枚及现金人民币10 000元，均未随案移送。本案审理期间，被告人徐晓婧退缴违法所得人民币15 000元，被告人欧阳伟退缴违法所得人民币20 000元。

上述事实，有案件来源及抓获经过，证人证言，同案犯供述，辨认笔录、搜查笔录，扣押清单、发还清单，微信聊天及转账记录截图，银行凭条，视听资料，营业执照注册信息资料，刑事判决书，情况说明以及被告人李玉华、徐晓婧、欧阳伟供述等证据证实。

原审法院认为，被告人李玉华、徐晓婧、欧阳伟以非法牟利为目的，买卖国家机关证件，其行为均已构成买卖国家机关证件罪，且系共同犯罪，应当依法予以惩处。三名被告人买卖国家机关证件110套，严重妨害国家对公司、企业的正常管理秩序，应当认定为情节严重，依法应处三年以上十年以下有期徒刑，并处罚金。被告人李玉华有犯罪前科，酌情予以从重处罚。本案部分国家机关证件尚未出售即被查获，属于犯罪未遂，可以比照既遂犯从轻或者减轻处罚，鉴于本案已出售的国家机关证件达110套，属于情节严重，对未遂部分可作为量刑情节酌情考虑。被告人李玉华、徐晓婧、欧阳伟到案后如实供述所犯罪行，且当庭自愿认罪，均系坦白，依法可以从轻处罚；三名被告人均同意公诉机关的量刑建议并自愿签署认罪认罚具结书，根据认罪认罚从宽制度，依法可以从宽处理；被告人徐晓婧、欧阳伟自愿退缴全部违法所得并主动预缴罚金，可酌情从轻处罚。依照《中华人民共和国刑法》第二百八十条第一款、第二十五条第一款、第二十三条、第六十七条第三款、第七十二条第一款及第三款、第七十三条第二款及第三款、第七十六条、第六十一条、第六十四条、第五十三条第一款及《中华人民共和国刑事诉讼法》第十五条的规定，判决：(一)被告人李玉华犯买卖国家机关证件罪，判处有期徒刑三年，并处罚金人民币三万元；(二)被告人徐晓婧犯买卖国家机关证件罪，判处有期徒刑三年，缓刑四年，并处罚金人民币三万元；(三)被告人欧阳伟犯买卖国家机关证件罪，判处有期徒刑三年，缓刑四年，并处罚金人民币三万元；(四)在案扣押的被告人李玉华违法所得人民币10 000元及被告人徐晓婧退缴的违法所得人民币15 000元、被告人欧阳伟退缴的违法所得人民币20 000元，依法没收，上缴国库；(五)继续追缴被告人李玉华的违法所得人民币30 000元，上缴国库；(六)在案扣押的工商登记材料、印章等犯罪工具依法没收，其他物品由扣押机关依法处理。

原审被告人李玉华不服原审判决，以原审判决事实不清、量刑过重为由提出上诉。二审期间，李玉华当庭表示认可原审判决，自愿表示认罪认罚、悔罪悔过。

李玉华的辩护人对原审认定的事实、证据不持异议，认为李玉华二审期间自愿表示认罪认罚、悔罪悔过，请求二审法院对李玉华从轻处罚。

天津市滨海新区人民检察院提出抗诉，认为李玉华一审期间自愿签署了认罪认罚具结书，原审法院亦采纳了量刑建议对其从宽处罚，但李玉华在没有新的事实、证据情况下以量刑过重为由提出上诉，反映其并非真诚认罪认罚，不应再对其适用认罪认罚从宽制度，原审判决适用法律错误，量刑不当。

天津市人民检察院第三分院认为天津市滨海新区人民检察院的抗诉理由正确，应予支持；鉴于李玉华二审当庭又表示自愿认罪认罚、悔罪悔过，建议二审法院依法裁判。

原审被告人徐晓婧、欧阳伟未上诉，表示认可原审判决。

二审经审理查明的事实、证据与原审判决认定的事实、证据一致。

本院认为，上诉人李玉华伙同原审被告人徐晓婧、欧阳伟以非法牟利为目的买卖国家机关证件100余套，严重妨害国家对公司、企业的正常管理秩序，情节严重，依法应予处罚。关于李玉华提出的原审判决事实不清、量刑过重的上诉理由以及李玉华的辩护人提出的请求对李玉华从轻处罚的辩护意见，经查，原审判决认定的相关事实，有案件来源及抓获经过，证人证言，同案犯供述，辨认笔录、搜查笔录，扣押清单，微信聊天及转账记录截图，银行流水，视听资料，营业执照注册信息资料以及李玉华、徐晓婧、欧阳伟的供述等证据证实，相关证据相互印证，已经形成完整证据链条，足以认定，李玉华二审当庭亦表示认可。原审法院综合考虑李玉华等人犯罪的事实、性质、情节和对于社会的危害程度，量刑在法定幅度内且并无不当。李玉华及其辩护人提出的相关上诉理由和辩护意见没有事实及法律依据，本院不予支持和采纳。关于天津市滨海新区人民检察院、天津市人民检察院第三分院提出的李玉华认罪认罚后又上诉反映其并非真诚认罪认罚，不应再对李玉华适用认罪认罚从宽制度，原审判决量刑不当的抗诉及支抗意见，经查，按照法律规定，上诉权是被告人的基本诉讼权利，在认罪认罚从宽案件中被告人仍享有上诉权。李玉华在一审认罪认罚后又以原审判决事实不清、量刑过重为由提出上诉，系行使其法定权利，但李玉华的上诉行为可能导致一审予以考虑的量刑情节发生变化，法院应依法在进行实质性审查后综合考虑全案作出裁判。本案中，原审判决认定事实和适用法律正确，量刑适当，李玉华二审庭审中又当庭表示自愿认罪认罚、悔罪悔过，检察机关的抗诉意见实际上已无事实依据，且检察机关亦当庭建议二审法院考虑李玉华的认罪悔罪态度依法裁判，故天津市滨海新区人民检察院的抗诉意见以及天津市人民检察院第三分院的支持抗诉意见，本院亦不予以支持。依据《中华人民共和国刑事诉讼法》第二百三十六条第一款第（一）项之规定，裁定如下：

驳回抗诉、上诉，维持原判。

本裁定为终审裁定。

审　判　长　张劲姿
审　判　员　张玉军
审　判　员　姚　强
二〇二一年八月十六日
法 官 助 理　李旻芝
书　记　员　单鑫语

申请人张某强与被申请人张某申请撤销监护人资格一案

裁判要点

1.虽不存在《民法典》第三十六条第一款规定的撤销监护人资格的三种法定情形，对明显不具备监护能力的监护人，也可以撤销监护资格。

2.一般情况下，在没有前一顺序监护人或者前一顺序监护人没有监护能力时，后一顺序监护人方可成为监护人。司法实践中，从最有利于被监护人的实际效果出发，可以突破顺序先后的限制，从后一顺序监护人中选定监护人，从而实现法律效果与社会效果的统一。

天津市和平区人民法院民事判决书

（2022）津0101民特65号

申请人：张某强，男，1969年6月26日出生，汉族，住天津市和平区。

委托诉讼代理人：杨英蕾，天津天一律师事务所律师。

被申请人：张某，男，1990年3月25日出生，汉族，住河北省衡水市。

申请人张某强与被申请人张某申请撤销监护人资格一案，本院于2022年4月24日立案后进行了审理。现已审理终结。

张某强称，申请人系被监护人张小某的外祖父，被申请人张某系张小某的继父。被监护人张小某的母亲张某萌携张小某与被申请人张某结婚，婚后二人感情不和，张某萌携张小某离家出走，杳无音讯。2022年1月26日，申请人接到衡水市某镇政府电话告知其外孙女张小某在街头流浪。申请人立即到衡水市，从镇政府、公安局、民政局手中接张小某回津。申请人愿意抚养张小某，其作为监护人有利于张小某健康成长。故申请撤销被申请人张某为张小某的监护人资格并指定申请人张某强为张小某的监护人。

张某称，对申请人请求没有不同意见。

经审理查明：张小某，曾用名杨某某，女，2015年出生，汉族，生母张某萌，生父杨某。张小某系双方非婚生子女，出生后随母亲张某萌一同生活。2017年10月28日，张某萌与被申请人张某登记结婚，2018年5月27日二人生育一子一女。2018年6月杨某某更名为张小某，被申请人张某系张小某的继父。2021年5月张某萌因与张某产生矛盾带张小某搬出另居他处，张某个人抚养两名子女。

2022年3月9日，某镇派出所出具情况说明，载明："2022年1月28日，我所接到某县民政局，某镇政府协作指令：一名叫张小某的小女孩，在某镇徐庄村一出租房内无人监护看管，要求我所查找其母亲张某萌。我所通过户籍查询平台以及其他侦查手段均未能联系到张某萌，后协助民政局、镇政府找到了其在天津市生活居住的张小某外公张某强，经沟通张某强愿意抚养张小某，并于1月29日晚上同民政局、镇政府将张小某送达张某强手中，接回天津居住。"2022年3月15日，某县未成年人救助保护中心出具了关于某镇徐庄村出租屋内女童（张小某）情况说明，载明："天津市未成年人保护相关部门：2022年1月25日上午9点，我中心接到衡水日报记者反应。在某镇徐庄村出租的公寓房内，有一女童（张小某）连续多日无人照料，在村附近流浪，我中心按照属地管理的原则迅速与某镇政府和村委会联系并了解情况，得知女童处于无人监护状态，当即协调辖区派出所、公寓房东与其母亲联系，均未果。而后结合派出所户籍系统查询，与其外公（张某强）取得联系，经过多方努力本着儿童利益最大化的原则，将女童（张小某）交付于其近亲属进行监护，因其母亲（张某萌）户籍在天津市，按照有关规定，希望给予妥善解决，张小某生活、监护、教育等给相关政策支持。"张某称，其事后得知张小某失管状况。申请人张某强系张小某的外祖父，2022年1月29日至今张小某随申请人张某强共同生活。

2022年4月6日，本院联系了张小某的生父杨某，询问其对于张小某监护人的意见，其向本院邮寄了书面声明，写明："本人杨某同意孩子张小某曾用名杨某某的姥爷张某强获得张小某的监护权并随张某强落户。"

本院认为，张小某作为无民事行为能力人，需要监护人依法履行监护职责。被申请人张某系张小某的继父，其与张小某共同生活期间形成抚养关系，张某对张小某有监护权。但鉴于在家庭共同生活中，主要系张某妻子张某萌日常照顾三名子女。在夫妻二人分居后，张小某独自生活在出租屋内处于无人监护的状态时，被申请人张某未能及时发现并对张小某尽到监护职责。被申请人张某现有两名四岁的亲生子女需要抚养，其表示无能力对张小某继续履行监护职责，不宜继续担任监护人，同意撤销其监护人资格，指定申请人张某强作为张小某的监护人。同时，申请人张某强明确表示其具有抚养能力，愿意抚养张小某，希望被指定为张小某的监护人。经本院询问张小某生父，其也表示同意指定张某强为张小某的监护人，张小某随张某强落户。从2022年1月29日张某强从河北省将张小某接回津至今，张小某已经随张某强共同生活3个月，双方相处融洽。张某强为张小某提供了稳定的居住环境和良好的生活保障，对其生活起居进行了细心照顾。现张小某生母寻找不到，生父和继父均同意指定张某强为监护人。本院根据相关法律规定并综合本案具体情况，从最有利于未成年人成长、最大限度保护未成年人张小某在今后的生活、教育、安全等方面的权益出发，特指定申请人张某强作为张小某的监护人。

依照《中华人民共和国民法典》第二十七条、第三十六条，《中华人民共和国民事诉讼法》第一百八十五条规定，判决如下：

一、撤销张某为张小某的监护人的资格。

二、指定张某强为张小某的监护人。

本判决为终审判决。

审 判 长 赵文艳

审 判 员 耿 娟

审 判 员 张丹丹

二〇二二年四月二十九日

书 记 员 姚一凡

天津国华鑫商贸有限公司与天津华通投资发展有限公司、原审第三人天津学熙能源科技服务有限公司等股东资格确认纠纷一案

裁判要点

在国有企业混合所有制改革过程中，国有有限责任公司之间无偿划转股权，其实质是国有企业基于资产管理人授权对国有资产进行无偿划拨，区别于国有企业对外转让股权，该无偿划转行为不应当适用《公司法》关于股权转让中优先购买权的规定。

天津市第一中级人民法院民事判决书
（2021）津01民终7619号

上诉人（原审原告）：天津市国华鑫商贸有限公司，住所地天津市河东区大王庄七纬路83号（B区601）。

法定代表人：严卫，执行董事。

委托诉讼代理人：曹会杰，国浩律师（天津）事务所律师。

委托诉讼代理人：马凌云，国浩律师（天津）事务所律师。

被上诉人（原审被告）：天津华通投资发展有限公司，住所地天津市南开区宾水西道奥城商业广场11-714室。

法定代表人：孙俪宸，总经理。

委托诉讼代理人：蒋璐，天津尚志思源律师事务所律师。

原审第三人：天津学熙能源科技服务有限公司，住所地天津市津南区北闸口镇国家自主创新示范区高营路8号A区509-29。

法定代表人：刘军飞，总经理。

委托诉讼代理人：蒋璐，天津尚志思源律师事务所律师。

原审第三人：国电投华泽（天津）资产

管理有限公司，住所地天津市滨海新区临港经济区渤海十二南路2010-6号商铺（天津嘉和商务秘书有限公司托管第050号）。

法定代表人：宋予忠，董事长。

委托诉讼代理人：王金晴，女，该公司职员。

原审第三人：韩钢，男，1962年1月27日出生，汉族，住天津市南开区红旗南路水上温泉花园21号楼5门201室。

委托诉讼代理人：蒋璐，天津尚志思源律师事务所律师。

原审第三人：天津市天洲房地产投资集团有限公司，住所地天津市西青经济开发区大寺工业园。

法定代表人：张松青，董事长。

委托诉讼代理人：蒋璐，天津尚志思源律师事务所律师。

上诉人天津国华鑫商贸有限公司（以下简称国华鑫公司）因与被上诉人天津华通投资发展有限公司（以下简称华通公司）、原审第三人天津学熙能源科技服务有限公司（以下简称学熙公司）、国电投华泽（天津）资产管理有限公司（以下简称华泽公司）、韩钢、天津市天洲房地产投资集团有限公司（以下简称天洲房地产公司）股东资格确认纠纷一案，不服天津市南开区人民法院（2020）津0104民初11922号民事判决，向本院提起上诉。本院于2021年9月14日立案后依法组成合议庭开庭进行了审理。本案现已审理终结。

国华鑫公司上诉请求：1.撤销一审判决，依法改判支持其全部诉讼请求；2.本案一审及二审诉讼费用由华通公司承担。

事实和理由：一、案涉股权无偿划转事项，已经取得天津市国有资产监管部门批复。一审法院以未见有针对诉争股权的正式批准并抄报同级国资委的材料，认定其未按照程序批准的判决属于认定事实错误，应依法予以纠正。二、案涉股权无偿划转事宜已经按照规定履行了批准程序，且《无偿划转协议》内容合法，本次无偿划转已发生法律效力。案涉股权无偿划转属于“企业国有产权在所出资企业内部无偿划转”，依据《企业国有产权无偿划转管理暂行办法》第十五条，天津华泽（集团）有限公司（以下简称华泽集团）作为国华鑫公司的出资企业，天津津联投资控股有限公司（以下简称津联控股公司）作为混改时华泽集团的上级企业，均已经批准案涉无偿划转行为。同时改制方案中已经就审计报告、债务处置方案进行明确。三、国有资产管理部门有权依法处置国有资产，国有企业之间允许对国有产权无偿划转，其性质与股权转让有根本区别，一审法院认定案涉股权适用《公司法》优先购买权，属于适用法律错误，应依法予以纠正。首先，发生股权变动并不就意味着是《中华人民共和国公司法》第七十一条意义上的股权转让。其次，无偿划转的目的是调整、理顺国有资本运营体系，实现合理配置经济资源，调整国有经济布局。被划入方的选定，除了要符合主体资格外，还需要具备与实现划转目的相匹配的各种其他管理、经营等条件。无论从主体资格上还是从其他条件上看，其他股东很难具备与被划入主体同等的条件。既然不存在同等条件，就更谈不上优先购买权。同时华通公司章程第18条明确约定，国有股东退出依照国有股权交易规则进行。一审法院以华通公司股东召开股东会讨论案涉股权并未达成股东会决议及章程未有明确约定，认定国华鑫公司侵犯其他股东优先购买权属于适用法律错误，应依法予以纠正。此外，国华鑫公司在天津市西青区人民法院的类案起诉已经取得了胜诉。

华通公司辩称，不同意国华鑫公司的上诉请求，一审判决认定事实清楚，适用法律正确，请求二审法院驳回上诉，维持原判。一、无证据证明案涉股权无偿划转事项已按照相关规定程序操作并获得批准。本案中，华泽集团和国华鑫公司除了签订一份无偿划转协议外，没有其他《企业国有产权无偿划转管理暂行办法》所要求的诸如债权处置方案、审计报告、清产核资报告以及由所出资企业批准并抄报同级国资监管机构的文件。国华鑫公司以津联控股公司和华泽集团在《天津华泽（集团）有限公司混改企业范围的说明》加盖公章以及津联控股公司董事会决议“原则同意《天津华泽（集团）有限公司剥离资产处置方案》”，作为案涉股权无偿划转协议的批准文件，不能作为无偿划转协议已获批生效的依据。国华鑫公司提交的天津市人民政府国有资产监督管理委员会（以下简称天津国资委）向津联控股公司出具的《关于同意天津华泽（集团）有限公司以非公开协议方式增资实施混改的批复》，与涉案股权无偿划转事项不具有关联性，不能达到其证明目的。二、案涉划转的系有限公司国有股权，应适用《中华人民共和国公司法》及公司章程关于股权转让的相关规定。华泽集团转让股权，应按照《企业国有产权无偿划转管理暂行办法》第五条及《中华人民共和国公司法》第七十一条第二款的规定通知公司其他股东。本案华泽集团向国华鑫公司转让股权未曾通知其他股东，各方未就股权转让形成股东会决议，故案涉股权转让行为无效。且本案股权转让未通知其他股东同意，尚不具备讨论“同等条件”的前提条件。

学熙公司、韩钢、天洲公司述称意见同上。

华泽公司未陈述意见。

国华鑫公司向一审法院起诉请求：1.判决确认其是持有华通公司42%股权的股东；2.判令华通公司向其签发出资证明书并将其记载于股东名册；3.判令华通公司协助其向公司登记机关办理股东变更的工商登记手续；4.案件受理费由华通公司承担。

一审法院认定事实：

（一）关于涉案几方公司的股权情况

华通公司注册成立于2011年7月14日，现行的2019年1月8日公司章程显示：公司由四方股东共同出资设立：学熙公司持股42.33%，华泽集团持股42%，韩钢持股9%，天洲房地产公司持股6.67%；公司召开股东会议应于会议召开5日前通知全体股东，股东会议由股东按照出资比例行使表决权。按照出资比例超过1/2的股东同意方可作出股东会决议；股东的退出必须经持有表决权2/3的股东同意方可。

华泽公司于2018年9月18日变更登记出资人为津联控股公司，于2019年6月19日变更出资人为津联控股公司（持股比例46.7%）、国家电投集团资产管理有限公司（持股比例53.3%）。2019年11月14日，华泽公司名称由天津华泽（集团）有限公司变更登记为国电投华泽（天津）资产管理有限公司。

国华鑫公司于2017年8月30日变更登记股东为华泽公司持股100%，于2019年11月11日变更登记股东为天津津联智达商务信息咨询有限公司持股100%；于2020年5月8日变更登记股东为天津市宝通投资管理有限公司持股100%。

（二）关于华泽公司混改的相关情况

《天津华泽（集团）有限公司混改企业范围的说明》载明，按照市委、市政府的决策部署，华泽公司积极推进混合所有制改革工作，涉及剥离企业共44户，其中正常存续企业13户，有9户正常经营企业先在华泽公司内部无偿划转至华泽公司全资子公司国华鑫公司，再将华泽公司持有的国华鑫公司100%股权按照《无偿划转协议》剥离至天津津联智达商务信息咨询有限公司；文件附表3“剥离企业名单”中显示华通公司作为三级参股企业，剥离至国华鑫公司，再由国华鑫公司与津联智达签署《无偿划转协议》。

华泽公司于2019年3月8日下午召开董事会的会议决议，同意集团公司资产管理部提价的《关于签署华泽集团企业及资产剥离协议的议案》；国华鑫公司于2019年3月8日上午召开董事会决议通过《关于接收相关股权资产的议案》，同意接收12家公司（包含华通公司）的股权并签署相关协议。

天津津联投资控股有限公司于2019年3月15日召开董事会，决议通过内容中包括：“原则同意《关于华泽集团以非公开协议方式增资实施混合所有制改革的方案》”“原则同意《天津华泽（集团）有限公司剥离资产处置方案》”。

天津市人民政府国有资产监督管理委员会于2019年3月27日作出津国资企改（2019）20号《关于同意天津华泽（集团）有限公司以非公开协议方式增资实施混改的批复》文件，其中载明原则同意《天津华泽（集团）有限公司以非公开协议方式增资实施混合所有制改革的方案》。该方案提及经市委常委会、市政府常务会审议通过的混改实施方案中明确“视与投资者洽谈情况，适时剥离与混改后企业战略发展方向相关性较差的部分企业”。

审理过程中，国华鑫公司提交：1.2019年3月14日《华泽集团无偿划转所持国华鑫股权的可行性方案》；2.天津立信会计师事务所有限公司于2019年3月20日作出的审计报告，内容为国华鑫公司接受华泽公司将其持有的包括华通公司在内的九家单位股权无偿划转后的模拟财务报表。

（三）诉争《无偿划转协议》签订及后续相关情况

2019年3月15日，国华鑫公司（甲方）与华泽公司（乙方）签订《无偿划转协议》，载明：为落实市委、市政府、市国资委关于推进国有企业改革的总体部署，华泽公司正全力推进混合所有制改革。为满足乙方混改条件，乙方将其持有的华通公司的42%的股权无偿划转给甲方。双方同意本协议所述的无偿划转的基准日为2017年12月31日。双方同意，本协议项下标的股权按无偿划转基准日经审计的净资产值无偿划转至甲方，甲方无须向乙方支付任何对价。乙方承诺，乙方有权并有能力签署和履行本协议，签署本协议已取得所有必要的授权，且不侵犯任何第三方权利，包括但不限于标的企业其他股东的优先购买权（如有）。本协议生效后，乙方应及时配合办理标的企业工商变更手续，如暂不具备变更条件的，标的股权由乙方代甲方持有，待条件具备后，乙方应及时督促并配合标的企业完成股权转让工商变更手续。本协议在甲、乙双方就本次无偿划转，依照各自的内部章程、规章完成各自的内部授权或批准手续并由双方加盖公章后生效。

2020年3月18日，华泽公司与国华鑫公司共同向华通公司发出《告知函》，内容为华泽公司已于2019年3月完成混改，2019年11月14日更名为国电投华泽（天津）资产管理有限公司。依据混改要求华泽公司持有的贵公司42%股权无偿划转到国华鑫公司。国华鑫公司现为天津津联投资控股有限公司所属天津津鑫资产管理有限公司100%控股企业。特此告知。华通公司于2020年4月7日向国华鑫公司回函，内容为贵司所发函件收悉，截至目前华通公司工商登记的股东信息如下学熙公司持股42.33%，天津华泽（集团）有限公司持股42%，韩钢持股9%，天洲房地产公司持股6.67%。请贵公司在完善工商登记变更手续之后，依照公司法的规定，经公司股东会决议后由贵司行使股东权利。国华鑫公司和华泽公司分别于2020年4月3日和9日向华通公司发出关于对华通公司开展尽职调研的函，两份函件均以华通公司股东名义要求华通公司配合尽职调查工作。收到上述函件后，华通公司于2020年4月12日向华泽公司回函，载明：贵司于2020年4月9日所发函件收悉，在此之前我司曾收到贵司与国华鑫公司共同发来的《告知函》。2020年4月3日，国华鑫公司以股东名义给我司发来《关于开展尽职调研的函》，我司已于2020年4月8日回函。2020年4月9日贵司再以股东名义发来相同内容的函，我司在一周内收到两个以股东名义发来的函件，对究系何方拥有我司42%股权深感困惑。为维护公司各方股东权益、保障公司正常运营，我们希望贵司与国华鑫公司依据《公司法》和公司章程的相关规定完善手续后，再依照法律和公司章程的规定行使股东权利履行股东义务。

2020年4月15日，学熙公司向华泽公司、韩钢、天洲房地产公司发出《关于召开股东会临时会议的提案》，载明华通公司收到华泽公司和国华鑫公司的《告知函》，告知股东华泽公司已于2019年3月完成混改，同时将持有的42%股权划转到国华鑫公司。鉴于华通公司的股权所发生的前述重大变化，为维护全体股东的权益，股东学熙公司提议就股权变动事宜召开股东会临时会议进行磋商和讨论。2020年4月27日，华通公司发出《关于召开临时股东会会议的通知》，载明鉴于股东学熙公司提议召开股东会临时会议，该股东享有本公司42.33%的表决权，其提议符合公司法和公司章程的规定，且得到另外三股东同意召开的书面回复，本公司决定召开临时股东会议，会议议题包括通报本公司自2018年至今股东变动及现状和讨论股权变动的相关应对事宜。针对上述临时股东会会议的会议情况，华通公司提交2020年5月10日的临时股东会备忘录一份，显示华通公司、学熙公司、韩钢、天洲房地产公司、华泽公司均派人参会。其中学熙公司代表孙宇林介绍华通公司混改的基本情况："2-1.当时华泽集团混改华通公司目的是：①完成华泽集团混改的目标任务；②历年来亏损严重，希望通过混改扭亏为盈；③改变经营机制，从管资产到管股权。2-2.2018年4月通过天津产权交易中心交易完成了对天津市华通投资发展有限公司的混改，华泽集团完成了国资退出控股地位的混改任务。华通成为华泽集团第一批完成混改的二级公司。2-3.天津市华通投资发展有限公司混改后，2018年当年实现扭亏为盈，2019年利润有大幅增长，2020年1～4月的经营尽管受疫情影响，仍保持盈利状态。混改后的华通实现了当初混改设定的扭亏为盈的目标，实现了国有资产保值增值的目标。2-4.目前，由于华通公司国有股东进行的混改，股权所属不断发生变化导致华通公司出现了治理结构不完善等诸多问题，对混改后的华通公司治理和发展产生了一定程度的不利影响。3.蒋璐律师介绍了股东变更的相关法律程序，并说明了后续需要办理的相关事项：3-1.天津市华通投资发展有限公司的股东天津华泽（集团）有限公司在无偿划转股给天津市国华鑫商贸有限公司之时，其他三方股东对股权变更应有知情权，同时其他三方股东需要明确表示放弃优先购买权；3-2.在其他股东明确放弃优先购买权以及同意转股之后，应以股东会决议的时间作为办理华通公司股东工商变更手续的时间节点：华通公司办理股东工商变更手续时，如因延迟办理而受到行政管理部门处罚的，鉴于非华通公司主观原因导致，应考虑由划转及受让股权的股东承担；3-3.原股东天津华泽（集团）有限公司涉及公司名称变更，也要在转股的同时提供名称变更说明；3-4.在办理股权变更时，需原股东会出具同意变更股东的决议；新股东会也需要出具相应的股东会决议。4.股东韩钢先生提出在国资转股变动进行股东会决议之前，希望与新股东津鑫资产管理公司就天津市华通投资发展有限公司的未来公司治理与发展等重大事宜进行沟通，以利于混改后的华通公司健康发展。"备忘录尾部仅有华通公司、学熙公司、韩钢、天洲房地产公司的盖章和签名。庭审中国华鑫公司对该备忘录质证表示不认可，理由是华通公司法定代表人及其他股东曾口头承诺同意为诉争股权划转一事办理股权变更登记，该备忘录对此没有体现。国华鑫公司曾发送华通公司针对该备忘录的修改意见，加入载明其他股东原则上同意涉案股权划转，口头放弃优先购买权并尽快做出相关决议，完成工商变更手续。华泽公司在庭审中表示对该备忘录不发表意见。

2020年5月11日，华泽公司又向华通公司发出《关于原天津华泽(集团)有限公司将其持有天津华通投资发展有限公司股权无偿划转至天津市国华鑫商贸有限公司的通知》。同日，国华鑫公司也向华通公司发出《关于天津市国华鑫商贸有限公司接收原天津华泽(集团)有限公司持有的贵公司42%股权的通知》。两份通知均载明："望你公司股东会同意并按照相关法律及《公司章程》有关规定办理相关手续，完成工商变更登记。"

一审法院认为，本案系国有企业混合制改革过程中引发的争议，对相关市场主体权益的尊重应是国企混改的应有之义，遵循法治原则也是营造良好营商环境的内在要求。本案中国华鑫公司主张受让涉案股权系通过国有产权无偿划转程序实现，故不适用《中华人民共和国公司法》关于有限责任公司股权转让的规定(包括优先购买权的行使或放弃)。对此，一审法院注意到：1.国华鑫公司与第三人华泽公司之间的《无偿划转协议》第3.2条明确约定，华泽公司承诺有权并有能力签署和履行协议，签署协议已取得所有必要的授权，且不侵犯任何第三方权利，包括但不限于标的企业其他股东的优先购买权。2.庭审中国华鑫公司解释华泽公司未在2020年5月10日华通公司股东会备忘录上签字盖章的原因是该备忘录未记载华通公司其他三方股东原则同意股权划转并口头表示放弃优先购买权。从上述1、2可见，国华鑫公司与华泽公司之间就诉争股权的移转并非如国华鑫公司所主张的与华通公司作为标的公司的其他股东的权利无关，而根据现查明的事实显示，国华鑫公司与华泽公司就涉案股权移转一事自始未向华通公司其他股东征求意见，甚至从《无偿划转协议》签订到正式向华通公司发函告知也已逾一年。3.根据《企业国有产权无偿划转管理暂行办法》第五条的规定，有限责任公司国有股权的划转，还应当遵循《中华人民共和国公司法》的有关规定。经查，华通公司章程未见有任何国有资产无偿划转不适用关于股权转让的规定。另外从国有产权无偿划转的程序考察，一审法院注意到：《企业国有产权无偿划转管理暂行办法》第八条规定，划出方应当就无偿划转事项通知本企业(单位)债权人，并制订相应的债务处置方案。第九条规定，划转双方应当组织被划转企业按照有关规定开展审计或清产核资，以中介机构出具的审计报告或经划出方国资监管机构批准的清产核资结果作为企业国有产权无偿划转的依据。第十条规定，无偿划转事项按照本办法规定程序批准后，划转协议生效。划转协议生效以前，划转双方不得履行或者部分履行。第十五条规定，企业国有产权在所出资企业内部无偿划转的，由所出资企业批准并抄报同级国资监管机构。本案中，未见有华泽公司作为划出方就无偿划转事项是否需制订相应债务处置方案的材料；国华鑫公司仅提交内容为国华鑫公司接受华泽公司无偿划转股权后的模拟财务报表的审计报告而未见有针对华通公司作为被划转企业在划转基准日（《无偿划转协议》中约定为2017年12月31日）的审计报告或清产核资结果；国华鑫公司仅提交天津津联投资控股有限公司作为所出资企业“原则同意”华泽公司剥离资产处置方案的董事会决议，而未见有针对诉争股权的正式批准并抄报同级国资委的材料。上述情况无法让一审法院确信涉案股权无偿划转事项已按照相关规定程序获得批准进而使国华鑫公司与华泽公司之间的划转协议生效，故国华鑫公司现直接诉请要求确认其为华通公司股东的诉请缺乏事实和法律依据，不予支持。

综上，依据《最高人民法院关于适用〈中华人民共和国公司法〉若干问题的规定（三）》第二十二条、第二十三条，《最高人民法院关于适用〈中华人民共和国民事诉讼法〉的解释》第九十条之规定，判决如下：“驳回原告天津市国华鑫商贸有限公司全部诉讼请求。案件受理费80元，由原告天津市国华鑫商贸有限公司负担”。

二审中当事人未提交新证据。一审法院认定事实准确，本院予以确认。

本院二审查明，国华鑫公司提交的《天津华泽（集团）有限公司混改企业范围的说明》及《天津华泽（集团）有限公司剥离资产处置方案》附表3剥离企业名单-（四）正常存续企业中第3条均显示：企业名称“天津华通投资发展有限公司”，企业层级“三级”，持股比例“42.00%”，工商状态“存续—参股企业”，处置方式“剥离至国华鑫公司，再由国华鑫公司与津联智达签署《无偿划转协议》”。国华鑫公司提交的《国家电投集团资产管理有限公司与天津津联投资控股有限公司、天津华泽（集团）有限公司关于天津华泽（集团）有限公司增资合同书》附录三重组方案第三部分第（三）项“正常存续企业，以无偿划转方式剥离”中企业情况显示：序号“29”，企业名称“天津华通投资发展有限公司”，持股比例“42.00%”，工商状态“存续—参股企业”。

另查，为回应学熙公司关于召开股东会临时会议的提案，2020年4月18日股东韩钢回函“股东天津学熙能源科技服务有限公司于2020年4月15日发来的关于召开股东会临时会议的提案已收启，同意该提案召开股东会临时会议。届时请公司通知会议时间与地点”。2020年4月18日股东天洲房地产公司回复“现已收到‘关于召开股东会临时会议的提案’，同意天津学熙能源科技服务有限公司提议就天津华通投资发展有限公司股权变动事宜召开股东会临时会议进行磋商与讨论”。

再查，2021年1月27日，国华鑫公司起诉天津市华俊国际贸易有限公司、天洲房地产公司，要求确认其为天津市华俊国际贸易有限公司持有40%股份的股东。天津市西青区人民法院于2021年4月26日作出（2021）津0111民初1610号民事判决书，认定国华鑫公司与华泽公司签订《无偿划转协议》生效，并判决国华鑫公司为天津市华俊国际贸易有限公司持有40%股份的股东等。另，天洲房地产公司为该案中天津市华俊国际贸易有限公司的股东。

又查，2019年1月8日华通公司《章程》第十八条约定，股东的退出必须经持有表决权股份2/3的股东同意方可，但退出股东的股价不享有股权增值的部分（国有股东依照国有股权交易规则进行），也不享有当年的利润分红。

本院认为，各方当事人对于一审判决查明的事实均无异议。综合当事人诉辩主张及庭审调查情况，本案二审争议焦点为：1.案涉股权无偿划转的性质及效力如何认定；2.国有企业对于国有产权的划转是否适用公司法关于优先购买权的规定。对此，本院分别评析如下：

一、关于案涉股权无偿划转的性质及效力

国务院国有资产监督管理委员会根据《企业国有资产监督管理暂行条例》（国务院令第378号）制定了《企业国有产权无偿划转管理暂行办法》（国资发产权［2005］239号）。该暂行办法第二条规定，本办法所称企业国有产权无偿划转，是指企业国有产权在政府机构、事业单位、国有独资企业、国有独资公司之间的无偿转移。本案中，华泽公司（前身华泽集团）与国华鑫公司（系华泽集团设立）均为国有独资公司，两公司之间无偿划转股权，系国有企业根据政府主管部门决定或者授权，对国有资产在国有企业内部进行的优化调整，属于履行资产管理职责的行为，不涉及产权交易及支付对价问题。根据上述暂行办法第十条第二款、第十五条的规定，企业国有产权在所出资企业内部无偿划转的，无偿划转事项由所出资企业批准后，划转协议生效。本案中，案涉无偿划转及资产剥离事项已经华泽公司的上级公司津联控股公司董事会审议通过，且华泽集团整体混改方案含资产剥离内容亦获天津国资委批复原则同意，故案涉无偿划转协议已生效。有关具体报批及抄报方式、债务处置或者清产核资情况，属于操作程序规范与否的问题，不影响划转协议的效力。一审法院有关协议效力的认定不妥，本院予以调整。

二、关于国有产权无偿划转是否适用公司法关于优先购买权的规定

本案系国有企业混合所有制改革过程中剥离资产所引发的纠纷。华泽公司向国华鑫公司划转股权未约定对价，其实质是国有企业基于资产管理人身份对国有资产进行无偿划拨，区别于国有企业对外转让股权，该无偿划转行为不应当适用公司法关于股权转让中优先购买权的规定。首先，《中华人民共和国公司法》第七十一条关于股东优先购买权制度的规定，实质上是对股权转让自由的一种限制，其目的在于保护有限责任公司的人合性。为了维持公司相对封闭的人合性，保护股东之间信任关系，第三方加入公司时，出让股东应当征询其他股东过半数同意，并赋予其他股东同等条件下的优先购买权。国有股权无偿划转的划出方和划入方出资人本质上均系国家，无“第三方”加入，不存在影响公司人合性的事实基础，与上述规定以及案涉公司章程中的一般股权转让情形明显不同。其次，无偿划转目的在于优化调整国有资产结构，并不支付对价，也即零对价。而有限责任公司其他股东如主张优先购买权，则需要根据《中华人民共和国企业国有资产法》的规定在依法设立的产权交易场所公开竞价交易，其无法满足《最高人民法院关于适用〈中华人民共和国公司法〉若干问题的规定（四）》第十八条所要求具备的价格、支付方式等“同等条件”，也难以满足《中华人民共和国企业国有资产法》关于防止国有资产损失、促进资产增值保值的要求，以及遵循“有利于国有经济布局和结构的战略性调整，促进国有资本优惠配置”的基本原则。

此外，结合2020年4月至5月各方往来函件、其他股东回复、临时股东会备忘录以及华通公司、学熙公司和韩钢陈述的沟通情况看，对于华泽公司向国华鑫公司划转股权一事，学熙公司、韩钢、天洲房地产公司未作出不同意的意思表示，亦未主张优先购买权，而是对于股权划转后的公司治理结构存有异议。有限责任公司事权及经营管理问题，属于公司自治范畴。华通公司主张划转行为无效，无事实及法律依据，本院不予支持。

综上所述，国华鑫公司的上诉请求成立，本院予以支持。一审判决认定事实基本准确，处理结果不当，本院予以调整。依照《中华人民共和国民事诉讼法》第一百七十七条第一款第（二）项规定，判决如下：

一、撤销天津市南开区人民法院（2020）津0104民初11922号民事判决；

二、确认天津市国华鑫商贸有限公司为天津华通投资发展有限公司股东并持有42%股份；

三、天津华通投资发展有限公司于本判决发生法律效力之日起七日内向天津市国华鑫商贸有限公司签发出资证明书并记载于股东名册；

四、天津华通投资发展有限公司于本判决发生法律效力之日起十日内配合天津市国华鑫商贸有限公司完成办理股东变更登记。

一审案件受理费80元，二审案件受理费80元，均由天津华通投资发展有限公司负担。

本判决为终审判决。

审　判　长　尹春海
审　判　员　余　庆
审　判　员　杨　威
二〇二二年一月十九日
书　记　员　于　淼

天津市人民代表大会常务委员会任免名单

天津市第十七届人民代表大会常务委员会第三十二次会议于2022年3月30日通过：

任命王会君、段昊博为天津市高级人民法院民事审判第一庭（环境资源审判庭）副庭长。

任命刘为为天津市第一中级人民法院刑事审判第一庭副庭长，免去其天津市第一中级人民法院立案庭副庭长职务。

任命邱振为天津市第一中级人民法院立案庭副庭长。

任命张志国为天津市第一中级人民法院民事审判第一庭副庭长。

任命姚鹏为天津市第一中级人民法院民事审判第二庭副庭长。

任命刘艳为天津市第一中级人民法院民事审判第三庭（知识产权审判庭）副庭长。

任命张全为天津市第一中级人民法院行政审判庭副庭长。

任命李权为天津市第三中级人民法院民事审判第二庭副庭长，免去其天津市第三中级人民法院民事审判第一庭副庭长职务。

免去王毅、寇秉辉的天津市高级人民法院审判员职务。

免去刘芳的天津市第一中级人民法院审判委员会委员、审判员职务。

免去苏朋的天津市第一中级人民法院审判员职务。

免去王广利的天津市第二中级人民法院审判员职务。

免去张帆的天津市第三中级人民法院审判员职务。